佐藤栄作
Eisaku Sato
見えない文字と見える文字
文字のかたちを考える

三省堂

目次

はじめに
❶ 実現したことばだけがことばではない
4

現代の仮名のかたち
❶「ツ」のような「シ」の正体
12

❷ 引き締まったカタカナ
24

❸「いけのくんへの手紙」の「く」
鏡文字の正体
34

仮名のかたちの変化
❹ ぜい肉落として丸くなる
ひらがなの字体と丸文字
40

❺ ギャル文字が教えてくれること
「≠〃ャ儿文字カゞ教ぇτ<яёゑヨ`⊂」
58

❻ 見えない字体変化をあぶり出す
68

漢字のかたち

❼ 漢字はなぜこんなに複雑なかたちなのか

❽ 人と人ベン
偏旁冠脚のかたち

❾「急」は足を伸ばし、汗を飛ばす
漢字字体の変化

❿ 漱石は誤字ばかり書いたのか

⓫ くずし字にも字体はあるのか

まとめにかえて

⓬「子ブタの貯金箱」の説明書を書いたのは誰だ

⓭「打ち言葉」時代の字体
動的な文字から静的な文字へ

あとがき

参考文献

● 実現したことばだけが
ことばではない

　「私が今から言う通りに繰り返してください」、そう前置きして、「私は佐藤です」と言う。指名された女子学生は、「私は佐藤です」と繰り返す。私は、続けて「私は加藤です」と言う。彼女も「私は加藤です」と続ける。学生たちは、いったい何を始めたのかと首を傾げる。そこで私は、「私が、Aさん、あなただとしましょう。佐藤に「私が言う通りに繰り返して」と指示された私は、『女なので、先生のような低い声は出ません。だから先生の「言う通りに繰り返す」ことはできません』と言った、これをどう思いますか」まだ、ほとんどの学生は首を傾げたままです。

　「皆さんは、「私が言う通りに繰り返す」と言うとき、高い声か低い声かは問題にしないでしょう。「言う通りに」と言われて、Aさん、私の声色まで真似しなければと思いましたか」

　ここまで話すと、意図が少しわかってくるようです。私たちが、毎日話していることばは、それを音（物理的な音）としてとらえると、誰一人同じ音を発してはいません。同一人物であっても、厳密には一回一回微妙に違っています。それでも、「同じ」

だと思っているものがあります。それがなければ、とても言語は使えません。一方、「私は佐藤です」と「私は加藤です」との違いはわかります。「サ」と「カ」とが違っている。これを同じだとはできません。つまり、物理的な音としてことばを聞くとき、違っていると感じる要素と、感じない要素が存在しています。区別に働いている要素と働いていない要素と言ってもいいでしょう。ことばにとって、実際に発せられた音（音声）はもちろん大切です。しかし、どうもそれだけではない。もし、それだけだすると、同じものは存在しないのですから、聞くたびに音が違うのでは、ことばの習得なんてとてもできません。実際の音の奥にあるもの、その音のもとになっているものがあって、どうもそれが極めて重要だとわかってきます。ことばのもとが頭の中にあって、それを実現させたものが「発せられた音」としてのことば、言語はそういう構造をしているのです。

　つまり、ある「発せられたことば」を聞く、そこから、「もとになったことば」を察知して、理解する。先程の「私は佐藤です」の場合、私の発した「私は佐藤です」から、学生はもとになったものが「私は佐藤です」であることを察知し、その「私は佐藤です」に基づいて、自分の「私は佐藤です」を発したのです。

　言語音について、この発せられた音を「音声」、そのもとになっているものを「音韻」と言います。

　この「実現形とそれが基づくもの」というあり方は、私たちが使用する文字についても言えそうです。先生の書く字だって、書くたびに少しずつ違っています。先生の書く字と教科書の字も、似ているがやはりよく見ると違いがあります。教科書やいろいろな本の中の字、新聞の字は、手で書いていない印刷だか

❶ 実現したことばだけがことばではない

ら、まったく同じかたちのこともありますが、いくつか種類があって、それらはやはり同一ではありません。

文字についても、音声と音韻に相当するものがありそうです。これは、「字形」と「字体」と呼ばれることが多いので、本書では、そう呼ぶことにしたいと思います。

つまり、文字とは「書かれた字」だけが文字ではない。「書かれた字」がよりどころとしているものも含めて文字と言わなければなりません。ある字を書くとき、私たちはその字の字体に基づいて書きます。書かれたものはその字の字形です。字形は見えますが、字体は物理的存在ではないので、私たちの脳の中にあり、そういう意味で「見えない」と言うこともできます。字形は具体的なある図形ですが、字体はその観念です。しかし、観念というのは難しいことばですから、煙に巻かれたと思われてしまうので、さらに説明していきましょう。

回が文字なら

まず、右に挙げた図形を見てください。二重の四角形です。この図形の右に漢字の「数」が続くと、この図形が漢字の「回（カイ）」になります。まさに「なります」という表現がぴったりです。「◎」が続いても、おそらく漢字の「回」ととらえないでしょうから。

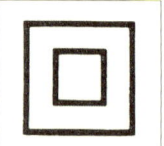

実は、この二重の四角形は『かな・デザイン大字典』（東陽出版1993）から拝借しましたから、漢字ではありません。種明かしをすると、次に挙げる左端の下の段のカタカナの「ロ」なのです。

ここに挙げたのは、カタカナの「ロ」のまだまだ一部で、デ

ザインはもっともっとあり、さまざまなかたちの「ロ」が並んでいます。これらは、皆カタカナの「ロ」であり、かたちの違いはデザインの違いによるのです。このデザインに当たるものを「書体」と言います。

　書体とは、手書きでは漢字の楷書とか行書、印刷文字では明朝体とかゴシック体とかいうあれです。ある字を楷書で書く、行書で書く、などと言いますから、書かれた漢字のかたちが異なります。しかし、「ある字」を書くのですから、かたちは違っても同じ字（こういう一つ一つの字のことを「字種」と言う人もいます。本書では「　」に入れて表します）のはずです。これは、ことばの音でたとえるなら、改まった発音とややくだけた発音に似ています。丁寧に「私は佐藤です」と言うのと、ぞんざいに「私は佐藤です」と言うのとの違いにあたりそうです。ぞんざいに話すなら「わたし」は「あたし」や「おれ」になるし、「です」なんか使わないだろうと言われるとその通りなのですが、それは語が違っています。同じ「私は佐藤です」でも、丁寧な発音とぞんざいな発音とがあるはずです。

　『かな・デザイン大字典』に話を戻すと、ここに挙げたのはすべてカタカナの「ロ」ですから、字体は同じはずです。カタカナの「ロ」には「ロ」の字体があり、それがいろいろな書体（かたちの上でのある特徴を帯びる）で実現したものが「ロ」の字形であり、ここにはそれが並んでいるのです。かたちの違いは、

字体の違いではなく、書体によって字形＝実現形が異なっているのです。手書きの場合は、同じ書体であっても、一回一回の字形は微妙に異なります。

「ロ」の字体

　では、カタカナの「ロ」の字体とは何なのでしょう。私は「四角形」だと考えています。これを以下のように表したいと思います。音韻を表す／／、音声を表す［　］を借用し、字体を／／、字形を［　］で表します。

字	字体	字形
「ロ」	／四角形／	［ロ］（明朝体）
		［ロ］（ゴシック体）
		［ロ］（行書体）

　印刷文字の行書体では、縦画、横画は丸みを帯びています。しかし、字体が変化したと考える必要はありません。実現の際に、行書体という書体の特徴を帯びたのです。私たちの多くは、文字を書くとき、横画がやや右上がりになります。これも実現の際に生じるものであって字体ではありません。先程の二重の四角形も、「白抜き」という特徴を持つ書体での「ロ」の実現形です。前後に白抜きのカタカナが並べば、誰でも「ロ」と受け止めます（本章末尾参照）。漢字の「回」だととらえる人はいないでしょう。黒い二重の四角形であっても、「ロ」なのです。黒い線＝字体ではないのです。行書の「ロ」のように、四角形の角が外れ、辺が曲線であっても、それは行書の書体の特徴であり、二重の四角形であっても、それは「白抜き」書体の特徴です。それらに共通するものは、／四角形／です。「白抜き」の場

合、黒い線は白い四角形を縁取る枠であり、白く抜かれた部分が／四角形／なのです。

　カタカナの「ロ」は、確かに四角形ですが、正方形でなく、やや横長では、と心配してくださる人がいるかもしれません。これについては、「普通に実現すれば、やや横長になる」という字体が実現するときのきまり（「実現規則」）を認めればいいと思います。先程から、漢字の「口（くち）」の字体はどうなっているんだと、気になっている人も多いと思いますが、漢字の「口」もカタカナの「ロ」と同じで、字体は／四角形／で問題ないでしょう。所属する文字のグループが異なれば、同じ字体でも一応どの字であるかはわかりますから。「肩口」は「かたぐち」ですが、「かたぐちいちす」と字を並べた「肩ロース」は、「かたろーす」ととらえてしまうでしょう。漢字の「口」とカタカナの「ロ」とは、同じ字体なのです。

　漢字の「口」は、漢字のかたちを構成する「部品」として働いています。部品と単独使用とでは、字体は異なるのでしょうか。左側なら口ヘンですが、その場合は、小さく縦長になります。いくつか部品が縦に重なる場合は、小さく横長になります。つまり、単独で一字となる場合（漢字の「口」、カタカナの「ロ」）は、やや横長で実現し、漢字字体の部品として働く場合は、位置によって、小さくなったり、横長になったり縦長になったりするということです。こうした実現に際しての調整・変形は、そのたびに字体が変化しているとか、それぞれ別の字体であると考える必要はありません。皆、字体は／四角形／であり、大小さまざまな四角形として実現しているにすぎません。字体、書体、字形の関係は、そのようなものです。（部品となった場合、とても同じ字体であるとできないほどかたちを変えるもの（たとえば「手」

❶実現したことばだけがことばではない　　**9**

と「手ヘン」）もありますが、それについては第8章で取り上げることにします）

身につけるのは字体

そうすると、私たちが字のかたちを覚えるプロセスはどう表せるでしょう。発音の場合は、何度も何度も聞いているうちに（聞いているのは音声）、音の要素の中で何が大切なのかわかってきて、同じ音（音韻）だと皆が認めてくれる音（音声）を自分でも発せられるようになったとき、音韻が獲得されたということになります。文字の場合も、何度も何度も、書かれたものを見、真似て書き、習得していきます。文字の場合は、実現形を書いていくプロセスを「書き順（筆順）」として学びますが、その際、「タテ、ヨコ……」といった点画にばらして唱えることを教わることもあるかもしれません。他人から教わらなくとも、各自でそれに近いことを繰り返しているかもしれません。それこそが字体の学習であり、習得だと言えましょう。

これから、この字体というとらえ方で、日本語の文字のかたちについて見ていきたいと思います。

※左の白抜きカタカナは『かな・デザイン大字典』より

1 「ツ」のような「シ」の正体

　ずいぶん前のことですが、ある試験で、「椰子の実」の「椰子」の読みを出題したことがありました。採点し始めたA先生が「やつ」という誤答がいくつもあると言い出しました。それは妙だと思って覗いてみると、「ヤシ」と書いたと思われる「シ」が確かに「ツ」に見えます。

　「これは「ヤシ」でいいでしょう」と私が言っても、A先生は「いや「ヤツ」に見えるからだめだ」と譲りません。そのうち、「カツ」「カシ」に見える答案も出てきました。「ヤツ」「カツ」という植物は知りませんが、「カシ」は存在するので、私も困りました。

　これはどういうことでしょう。おそらく、受験生は「ヤシ」と書いたつもりなのだと思います。ところが、採点者には、「シ」が「ツ」に見えたり、「ヤ」が「カ」と読めたりする。前章で述べたことに当てはめるなら、「ヤ」「シ」の字体に基づいて書かれた実現形（字形）が、別字である「カ」「ツ」に見えたということです。

　「シ」についてやや詳しく見てみましょう。

「シ」と「ツ」の違い

　上記のこと、すなわち、「ツ」のような「シ」が書かれることが特別なことではないことを証明するため、つい先日、大学生にカタカナとひらがなを書いてもらいました。

　20人ほどの中で、「ツ」のように私には見える「シ」を書いた学生が2名いました。そのうちの一人のカタカナを以下に掲げます。いかがでしょう（「何秒で書けるか時間を計る」と言って書いてもらったので、下手くそになっています）。

```
アイウエオ　ハヒフヘホ
カキクケコ　マミムメモ
サシスセソ　ヤ　ユ　ヨ
タチツテト　ラリルレロ
ナニヌネノ　ワ　　ヲン
```

　こうして見ると、「シ」と「ツ」とはずいぶん違っています。しかし、この学生がもしこの「シ」だけ書いていたら、私はやっぱり「ツ」みたいだと思ったに違いありません。上掲のような「シ」を、かたちがおかしい、「ツ」のように見えると感じた人は、どうしてそう感じたのでしょう。

　そもそも、「シ」と「ツ」とのかたちの違いはどこにあるのでしょう、などと言うと、そんなことは見ればわかるじゃないか、見たとおりじゃないか、と言われそうなので、正直に私の考えを述べましょう。

私は、「シ」と「ツ」のかたちの把握は、三つのタイプに分かれると考えています。
　Aタイプ
　「シ」は、二つの点が縦に並ぶが、
　「ツ」は、二つの点が横に並ぶ。
　Bタイプ
　「シ」は、斜め線を下から撥ね上げるが、
　「ツ」は、斜め線を上から下へ払う。
　Cタイプ
　「シ」は、二つの点が縦に並び、その下から撥ね上げるが、
　「ツ」は、二つの点が横に並び、その横から下へ払う。

　Aタイプは、第3画よりも、1、2画めの位置関係を重要だととらえるタイプ。
　Bタイプは、Aタイプとは逆に、1、2画めの位置関係よりも第3画の撥ねる（払う）向きを第一に考えるタイプ。
　Cタイプは、1、2画の位置関係も、第3画の方向も、ともに欠かせないととらえるタイプ。
　私は、Cタイプの人が多いと思っています。そして、私自身はCタイプです。重要なのは、Cタイプの人間は、すべての人々が自分と同じCタイプだと思っているフシがあるということです。Aタイプの人はそう多くないと私は思っていますが、Bタイプの人は、確実にある割合で存在しているようです。
　つまり、「ツ」のような「シ」を書く人というのは、二つの点の位置関係をそれほど重視しない人ということになります。この本を読んでくださっている人の中にも、Bタイプはいると思います。Bタイプの人にとっての「シ」のかたちは、「点二つと

下からのハネアゲ」であり、「ツ」は、「点二つと右上からのハライ」ではないでしょうか。「点二つ」をさらに細かく分ける必要があるのか、というお考えだと推測します。

　文字も記号です。記号のしくみで重要なのは、異なるものは区別されるということです。これは、違いがあれば区別は可能ということでもあります。

　「シ」「ツ」に関係するカタカナといえば、やはり「ン」「ソ」です。この4つの字がどう区別されるのか。

　Bタイプなら次のようになるでしょう。

　　「ン」…点一つと下からハネアゲ
　　「ソ」…点一つと右上からハライ
　　「シ」…点二つと下からハネアゲ
　　「ツ」…点二つと右上からハライ

　このように、無駄のない整然とした区別ができています。互いに張り合っています。これ以上の区別する条件を加えるのは、実は余分なのです。

　さらに、次のようなことも指摘できます。日本語の文字は、四角いエリアの「上から下へ」、しかも「左上から」書いていくのが原則です。つまり、最初の点は、左上へ打ちます。そうすると、Bタイプであっても、

　　「シ」…左上に点、もう一つ点、下からハネアゲ
　　「ツ」…左上に点、もう一つ点、右上からハライ

と自然な動きで書きますから、「シ」の2点は縦に並び、「ツ」の2点は横に並ぶという書き方が多くなると思います。つまり、2点の位置関係にうるさくないBタイプであっても、結果としてCタイプとほぼ同じように2点が並ぶことがあるわけです。

では、「ツ」のような「シ」つまり、2点をほぼ横に打ち、その次に下から撥ね上げるBタイプが存在するのはなぜでしょう。
　先に言いましたが、Bタイプなら、二つの点を、「点と点」ではなく、2点まとめてとらえても不思議はありません。自然だと思います。そうなると、「2点」が、カタカナのかたちを形作る部品になります。「2点」と言えば、「ツ」の2点がありますし、「濁点」もあります。つまり、「シ」と「ツ」の2点が同じ部品だととらえられ（統合）、さらに「濁点」と接近し、合流してしまえば、部品が一つで済んで無駄がありません。そうなると、三者とも「濁点」を打つのと同じように書かれることになります（→第2章、第9章）。こうして生まれたのが、「ツ」のように見える「シ」の正体です。

同じかたちを見ても

　確認しますが、この「シ」は、Cタイプ（Aタイプ）の人にとって「ツ」に似ていると見えますが、書いている当のBタイプの人は、きちんと「ツ」と区別して「シ」を書いているのです（第3画がまったく異なるのですから）。なぜ、自分の書いた「シ」に首をひねる人がいるのか、Bタイプの人は不思議に感じていることでしょう。
　面白いのは、表面的にCタイプと同じように2点を打っていても、1画めと3画めとの間に2画めを書いただけのBタイプの人、この人は点の位置にこだわらないBタイプですから、やはり、2点が横に並んでいても、「ツ」のような「シ」とは感じません。Cタイプの人は細かいなあと思っているはずです。このことは、とらえ方（字体）が同じでも、書いた字のかたち（字形）が異なることがあり、逆に、とらえ方（字体）が異なっていても、書いた

字のかたち（字形）が同じになることがあるとまとめられます。
　Bタイプ（点二つと下からハネアゲ）
　　①濁点と合流　　　　　　　　　　　　　　　［ツ］
　　②二つめの点は第1画と第3画の間に　　　　　［シ］
　Cタイプ（縦に点二つと下からハネアゲ）　　　　［シ］

　皆さんはどのタイプでしょう。書いてもらえばわかる部分と、書いてもらっただけではまだわからない部分があります。書かれたものをどう感じるか（評価するか）まで調べてはじめて、全容が明らかになるのです。
　そこまで調べるのは大変です。厳密ではありませんが、そうしたことをある程度ですが浮かび上がらせる方法があります。それは「字のかたちをことばで説明する」という調査です。今、「点二つと下からハネアゲ」という説明をしましたが、これは、かたちについての把握ですから、私は、これこそがその字の字体だと考えています。「字のかたちをことばで説明する」ということは、過不足なしというわけにはいきませんが、そこに字体に近いものが出てくるはずだと考えるのです。

「シ」のかたちをことばで説明する

　私は実際に「カタカナのかたちをことばで説明せよ」という調査を何度か実施しました。その調査で、「シ」はどう説明されたでしょう。
　「チョン、チョン、シュッ」といったおおざっぱなものから、「右斜め下向きの短い線、その下にもう一つ右斜め下向きの短い線、その下から右斜め上へ向かって払う」といった詳細なものまで、さまざまありました。また、一次方程式と二次方程式で

説明したものや「サンズイを拡大した形」といった回答もありました。それらを分類していくと、以下のようなポイントがあることに気づきました。

> ①字体が実現していくプロセス、三つの筆画の実現順について言及しているかいないか。
> ②筆画の種類・質について言及しているかいないか。
> ③三つの筆画の方向性・方向について言及しているかいないか。
> ④三つの筆画間の位置関係について言及しているかいないか。

たとえば、数式や他の図形で説明したものは、出来上がりのかたちを示したものですから、①の字体が実現していくプロセスについて言及していません。こうした回答はそれほど多くはありませんでした。しかし、「点二つと斜め……」というようなタイプの説明はかなりありました。「点二つ」を「斜め……」より先に書いていますが、「と」でつないでいるだけなので、実現順についてはっきりと説明しているとは言えません。「点二つを書き、その下に斜め……」なら、第1、2画と第3画との前後関係は明示されています。「点を打ち、その下に点を打ち、その下に……」とあれば、第1画から第3画までの順番がはっきりします。

②は、点なのか、短い線（棒）なのか、線質の変化しない線（棒）なのか、先端を払うハライなのか、そういったことについて言及しているかどうかということです。点の場合、④の位置

については説明できますが、点それ自体の向きについてはやや説明しづらくなります。短くても線ならば、向きだけでなく、二つの線の関係を「平行」などと説明することも可能です。線について、曲がっているという説明の有無は、②か③か微妙なところです。③を動き（ベクトル方向）に絞れば、直線か曲線かは、②に含めることになります。

　これらをポイントとして先程の「チョン、チョン、シュッ」を確認すると、かろうじて①②には言及しているかなというところです。「チョン、チョン、シュッ」の順に実現するととらえ、二つの「チョン」と最後の「シュッ」とは、筆画の質的な違いを表しているととらえられるからです。一方、詳しい「右斜め下向きの短い線、その下にもう一つ右斜め下向きの短い線、その下から右斜め上へ向かって払う」の方は、①〜④すべてを取り上げています。たとえば、「斜め線の上に点が二つ」という説明の場合は、①④を問題にしておらず、③も不十分です。

　説明に書かれていることは、回答した人が「シ」のかたちを決定する要素として認めていると言うことができます。説明に書かれていない項目は、単に面倒だったので書いていないだけかもしれませんから、それが「シ」のかたちには必要でないと思っていると言い切ることはできません。しかし、その可能性はあります。

　「ツ」に見える「シ」が、そう見える一番の原因は、第1、2画の位置でした。採点者A先生は（私もそうですが）、「シ」の二つの画は、ほぼ縦に並ぶと考えているCタイプの人間であり、二つが横に並ぶと「ツ」に見えるととらえたのです。A先生や私が、私のこの調査を受けたとしたら、「縦に並ぶ」ということについて言及したかもしれません（丁寧に回答したなら言及したで

しょう)。しかし、1、2画めを横に並べるBタイプの人は、「2点（短い2本の棒）」とするだけで、「縦に」と答えないだけでなく、「横に」と答えることもないでしょう。流れに従って、2点を縦に書くBタイプの人も、「縦に」と答えないはずです。

　調査の結果は、1、2画めの位置関係についてコメントしている人と、していない人に大きく分かれました。コメントしている人は、Cタイプ（かたちにうるさい人）です。していない人は、Bタイプの人＋Cタイプだけれどコメントしなかった人、そういうことになると思います。

　BタイプかCタイプか、タイプが違っていても、何とかコミュニケーションは成り立ちます。「ツンドラ」と「シンドラー」を間違うかもしれませんが……。しかし、必ず皆さんの周囲にも両方のタイプがいます。気づいていないだけです。

字体の違いは隠れている

　つまり、隠れているわけです。私は、字のデザイナーにも両方がいるとにらんでいます。『かな・デザイン大字典』の「シ」を見てみましょう。

　こうしてさまざまな書体を並べ、比べてみると、「シ」について、さらに気づくことがあります。

　第1画と第2画の位置は、垂直に上下に並んでいるのでなく、第2画の方が、やや左に出ている字形がほとんどです。第1、2画を短い線ととらえるとよくわかりますが、左上から右下への短い線を書き、それに平行にもう一つ短い線を書くと、全体として斜めになります。このちょっとした「斜め」が、濁点に近づく発端だったのかもしれません。縦に並べるCタイプでも、上の点より下の点を、若干（あるいは確実に少し）左に（外側に）書

いている人はかなり多くいるのではないでしょうか。学校教育の手本である教科書体も、若干そうなっていますから、文字のかたちにうるさい先生は、そこまで指導するかもしれません。漢字のサンズイは、左右に平べったい「シ」だと言えますが、第2画は、第1画よりも若干外側へ書くのが美しいと指導されたのではないでしょうか。

　上の一覧表を眺めると、右から3行めの下から2段めとか、左から4行めの一番上など、濁点にかなり近く見えませんか。特に後者を製作したデザイナーは、ご本人がBタイプなのではないかと私は想像します。もし、そうでなかったとしても、こうしたデザインを見れば、Cタイプの人も、Bタイプの存在を認めてくれるのではないでしょうか。

　これだけさまざまなデザインの「シ」があるなら、もっと2点が横に並んだものがあってもよさそうな気がします。実は、それにも理由があると私は考えています。デザイナーにはやはり

Cタイプが多かったということかもしれませんが、私が注目するのは、第3画がハネアゲでなくただの棒になっているデザインが多いことです。手書きでは、皆、第3画はハネアゲ（書く方向は斜め上向き）です。第3画の方向の違いで「ツ」との区別をしますから、2点の位置は区別に働かなくてもかまいません。よって、2点の位置は「シ」「ツ」同じでもOKです。しかし、デザインでは、線質を一種類にしているものがかなりあるため、ハネやハライが消えています。第3画によって、「シ」と「ツ」とを区別するのは難しくなっています。よって、2点の位置で両者を区別せねばなりません。それで、手書きの場合ほど、横に2点の並んだ「シ」がないのだと私は考えています。線の質が一種類になると、「ン」「ソ」の区別が困難になります、点一つですから。その対策として、第2画の開始部分（書写でいう打ち込み）を示すためにコブというか「短い折れ曲がり」を付けているデザインが見られます。下にコブがあれば「ン」、上にコブがあれば「ソ」というように。

　話を「シ」に戻します。デザインは出来上がりのかたちですから、字形が出来上がっていくプロセスを表すことはできません。ハネやハライを取り込んでいるデザインならそれが見えますが、線の質を一種類にしているデザインでは、困難です。教科書体や明朝体であっても、点だとどっちを先に書くのか表せていません。縦なら上から下へ、横なら左から右へ、という原則がありますが、斜めだとわかりづらくなります。すでに、「シ」の2点が「ツ」や濁点と統合してしまうと述べましたが、そうなると、「シ」の2点も、やや下であっても左の方を先に書くこ

とになります。Cタイプには、ちょっと認めづらいかもしれません。

　先に「ツ」に見える「シ」として挙げた学生が、もう一回書いた「シ」を右に掲げておきます。御覧のように筆順がはっきりわかります。濁点と統合と言いましたが、二番めに書いた点は、第3画の方へ払っています。それで濁点とは似ていないかもしれませんが、これこそBタイプ①の「シ」の実態です。

　Cタイプの皆さんの中には、これまで、誰かが書いた「シ」を見て、「あれっ、第1画と第2画の筆順が逆じゃないか」、そんな経験をされた人がいるかもしれません。いかがでしょうか。

もう一言

　おまけとして、「ツ」の第1、2画を縦に並べた例を挙げておきます。ある青空市場で売られていた「ラッキョウ」の袋に書かれていました。これを書いた農家の人もBタイプです。第1、2画の位置関係でなく、第3画で「シ」と「ツ」とを区別しています。私の経験からすると、200人に一人くらい、点が縦にならぶ「ツ」を書くようです。この点が縦に並ぶ「ツ」のかたちは、昔の「ヲ」にそっくりですが、それについては、また後で（→第2章）。

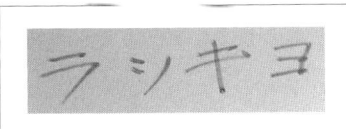

❷ 引き締まったカタカナ

　前章では「シ」を例にとって字体と字形(実現形)について取り上げましたが、その流れで、ここでは、カタカナのかたちについて私の考えをお話ししておきたいと思います。

仮名は漢字から生まれた

　カタカナもひらがなも漢字から生まれました。極めて大雑把に言うと、カタカナもひらがなも漢字を簡略化してできたのですが、ひらがなが漢字の書体の一つである草書をさらに崩したもの(草化仮名)とされるのに対して、カタカナは、漢字の全体を書かず一部分で代表させたもの＝点画を省略したもの(省文仮名、略体仮名)です。(ひらがなについては第4章で)

　漢字は、意味と音との両方を表すことができます。特に、意味を表す文字である点が、文字としての漢字の一番の特徴です。私たちの祖先は、中国語を表すために生まれた漢字で、日本語を表そうと工夫しました。漢字本来の用い方なら(すなわち意味を持つ文字として用いれば)、日本語を「山」「花」などと書くことができます。もう一つ、日本語の音(発音)に近い漢字を用いて

「夜麻」「也末」「波奈」「八奈」などと表すこともできます。こちらは、漢字の意味を原則として捨てています。

「山」「花」ではなく、「夜麻」「波奈」などと用いた漢字を、「万葉仮名」と呼ぶことがあります。姿は漢字、しかし、用法は後のカタカナやひらがなと同じです。この万葉仮名が、カタカナ、ひらがなの元であると言えます。

繰り返しますが、漢字とは、音だけでなく、意味をも表す文字です。意味を表すということは、意味に対応しているということですから、漢字の数は多くて当然です。意味の数は膨大ですから。それゆえ、漢字は数えられないほど存在し、私たちの日常生活の中でも、数千もの漢字が用いられています（→第7章）。しかし、日本語の音（発音）を表すだけの記号なら、数千も必要ありません。子音と母音とが組み合わさったものを表すなら100程度の記号を準備すれば十分です。100程度なら、そんなに複雑な記号である必要はありません。

つまり、「漢字から仮名が生まれた」とは「意味に対応する文字が、意味を表さない文字へ変質した」ということです。たとえば、「波」と書いてあっても、意味まで表しているのか、／ha／という日本語の音だけを表しているのか、見ただけではわかりません。用法の違いを、姿かたちの違いで表すことができれば便利です。しかし、まったく新しい記号を作ると、それをどう読むのか（どの音に対応するのか）わかりません。元の漢字とのつながりを残しつつ（どう読むかわかるようにしつつ）、意味までは表さない（本来の漢字の性質を失くした）文字となったことを示す。それを実現するために、漢字の姿かたちを簡略化するというのは、問題を一気に解消する打開策、一石二鳥だったのです。そのようにして生まれたのが、カタカナ、ひらがなです。

「波」「奈」の草書から（さらに崩して）、「は」「な」が生まれました。これが、もはや漢字の一書体ではなく、別の文字のグループだととらえられれば、ひらがなの成立ということになります。カタカナはどうでしょう。

カタカナの誕生

　カタカナは、万葉仮名の筆画を省略したものと言いましたが、全体を書かずに一部分のみを書いて、元の万葉仮名の代理にするといった方がいいように思います。たとえば「ナ」は、「奈」の最初の2画だけを書いたものです。だから、「ナ」は、「奈」の読みである／na／と読めるわけです。カタカナの始まりは、元の万葉仮名（漢字）を全画書かずに「書いたつもりになる」ことでした。母なる漢字との連想が必須だったのです。それで、原則として、母なる漢字の書き始めの2～3画か、書き終わりの2～3画だけを書くという省略法となっていることもうなずけます。途中の筆画では、書く側も、読む側も、記憶に残らないでしょう。「書いたつもり」になれるのは、書き始めか書き終わりでしょう。元の漢字の画数が少ないものは、全画書いても面倒ではありませんから、全画が採用されるケースもありますが、その代わり、少しかたちを変えることになります。

　カタカナは、仏典（お経）や漢籍を学ぶ際の、読み方の備忘（忘れないようにメモすること）として、今で言う読み仮名や送り仮名の部分の万葉仮名から出発しましたから、スピード（短い時間）と狭いスペース（行間）がクリアすべき条件となっていました。それゆえ、大胆な省画が行われました。しかし、元の万葉仮名が想起できないのでは、元も子もありません。よって、初期段階では、まさに万葉仮名の一部であることがわかるような

かたちをしています。『図解日本の文字』(三省堂2011)などで確認してみてください。ここでは、現代のカタカナにつながるもので、気になるもののいくつかについて、簡単にコメントしておきます。

「ア」…「阿」の最初の2画（ただし1画めは単純なカギ）。よって、2画めは縦棒だった。

「ウ」…「宇」の最初の3画（冠部分）。よって、平たいかたちだった。

「ケ」…「介」の最初の3画。よって、第1、2画は「人」のかたちだった。

「シ」…「之」の全体。よって、3画でなく2画。しかも撥ね上げなかった。

「チ」…「千」の全体。よって、3画めは縦棒だった。

「ツ」…「州」の点三つからか。横に点三つだった。

「テ」…「天」の最初の3画。よって、3画めは2画めと交差していた。

「マ」…「末」の最初の2画。1画めは横棒、2画めは短い横棒だった。

「ユ」…「由」の最後の2画（ただし筆順が現在と異なる）。1画めは縦棒に近かった。

「ラ」…「良」の最初の2画。よって、2画めは払わないカギだった。

「ル」…「流」の最後の2画。よって、1画めは縦棒、2画めは曲げだった。

「レ」…「礼」の最後の1画。よって、曲げだった。

「ワ」…「和」の最後の3画。ただし「ロ」との区別のため、全体を2画［()］のように書いた。

「ヲ」…「乎」の最初の3画。よって、上一つ、下二つの三つの点だった。

カタカナの字体の整備

「ウ」を例にとって、もう少し説明しましょう。／u／の音を表す漢字（万葉仮名）として、最もよく用いられたのは「宇」でした。これをこのまま書いたのでは、意味まで表しているのか、／u／という音のみを表しているのかわかりません。早いスピードと狭いスペースという条件がありますから、「宇」の字を丸ごと書かずに、一部だけ書いて「宇」を書いたことにする。候補は、最初の3画（冠の部分）か、最後の3画（「于」の字）かでしょう。どちらも実際に採用されたようですが、結局、前者の冠の方が有力となりました。この段階では、あくまで「宇」の最初の3画、冠の部分ですから、平べったいかたちです。このぺちゃんこの「ウ」が、鎌倉時代になると、現在の「ウ」のように最後が長く払われるように変形します。「テ」と「チ」の場合だと、「テ」は「天」の1～3画めですから、2画めと3画めとは交差していました。「チ」は「千」の全画ですが、カタカナらしさを出そうとしてか、最後を左に払うようになります。そうすると「チ」と「テ」（交差している）とが似てきます。それででしょうか、「テ」は2画めと3画めとの交差をやめ、「ニ」の下に「ノ」のかたちになっていきます。このような変形は「字体の整備」と呼んでいいでしょう（小林芳規1977「表記法の変遷」『現代作文講座6 文字と表記』明治書院など）。

まとめますと、生まれたばかり（あるいは生まれようとしている）カタカナは、母なる漢字を想起できるように、まさに漢字の一部分だった（最初か最後の2～3画）。それぞれが、母なる漢字の方

を向いていたと言えます。ところが、1200年ごろになると、少しずつかたちが整ってきます。音を表す専用の新しい文字のグループとしてのまとまりをかたちで示すようになったと言っていいと思います。「カタカナらしさ」です。カタカナらしいかたちで整うことによって、徐々に、元の漢字の部分であるという意識は失われていったと思われます。母なる漢字との連想が不要になっていく、つまり自立していくということです。その字体の整備によって、カタカナは、数少ない部品（基本点画）からなる、無駄のないかたちのしくみを手に入れたと私は考えています。

無駄のないカタカナ

　「ツ」、「ウ」、「ヲ」の最後の1画は伸びて払いになり、「ノ」と同じかたちになります。縦棒だった「ア」「チ」「リ」の最後の1画も払うようになります。「ラ」「ワ」も同様です。「ソ」「フ」も含め、これらは皆／ノの字／を共有しています。

　「ノ」に、1点加えれば「ソ」、もう1点で「ツ」。「ノ」の前に横棒を付ければ「フ」、これに1画足して「ワ」、さらに1画足して「ウ」。「フ」に1画足せば、「ラ」「ス」「ヌ」。「ラ」をちょっとずらせば「テ」、「テ」の一画めを「ノ」にすれば「ケ」。「ノ」に縦棒で「イ」、横棒で「ナ」、点で「メ」「ハ」。「ノ」と「レ」で「ル」。カタカナはそのほとんどがこうしてつながっていきます。つまり、1点1画の有無で互いを区別する（互いに張り合っている）しくみです。これを、「引き締まっている」と私は呼んでいます。

　現代のカタカナのほとんどが、／点／、／ヨコ／、／タテ／、／左ハライ（ノの字）／、／右ハネ（レの字の後半部分）／、／マゲ（ヒの

字の2画め)／の組み合わせからできています。ここから外れるのは、「ヘ」くらいでしょう。極めて引き締まった字体の体系(しくみ)だと思います。

カタカナの字体の整備の一部を、実現形を用いてわかりやすくまとめたものを次に掲げておきます。

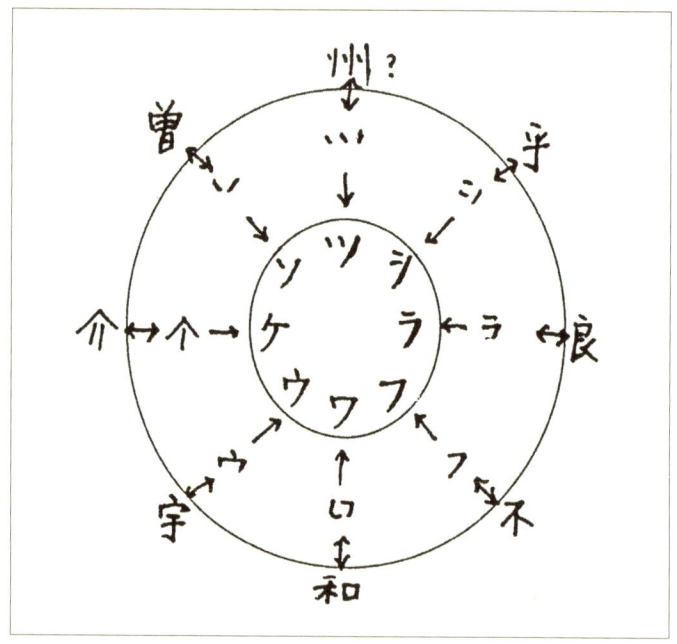

「ヲ」をどう書きますか

前章で「シ」を取り上げた際に、「シ」「ツ」「ン」「ソ」の四つについてコメントしましたが、「シ」と「ン」、「ツ」と「ソ」は、それぞれ点が一つか二つかで区別されています。ですから、点が縦に並ぶか横に並ぶかは、区別に働いていないことが理解できます。実は、点三つから出発した「ヲ」は、ある時期

まで、右のように縦に2点と「ノ」の字でした。前章で取り上げた「ラツキヨ」の「ツ」にそっくりです。あの「ツ」は、平安・鎌倉時代なら「ヲ」と読まれたでしょう。字体の整備が進み、「ヲ」は、横棒2本と「ノ」の字の組み合わせになり、現代に至っています。／ヨコ＋下に＋ヨコ＋右に＋ノの字／が、「ヲ」の字体です。ところが、これが書かれると「フ」の字と横棒のように見

『反音作法』1095年書写（『国語学史資料集』武蔵野書院1979）

えます。ここから、／フの字＋ヨコ／と書かれるようになってしまい、現代人の多くが、「フ」の字を書いて横棒を引いたのが「ヲ」だととらえているようです。実は、私も大学生になるまで、そう思い、そう書いていました。前章の学生もそう書いています。

　これを間違いだと言う人がいますが、私はそうは思いません。歴史的には／フの字＋ヨコ／はおかしいのですが、字体の整備ということを念頭に置くなら、2画で書け、「フ」＋横棒→「ラ」・「ヲ」は、引き締まっています。また、「ニ」でわかるように、横棒を続けて2本引く場合、下の横棒の方が長く実現するのが普通です。「ヲ」は、その実現規則から外れているように思えます。「ニ」＋「ノ」をはっきりさせるように、下の横棒を長くしたデザインもありますが、明らかに「フ」＋横棒のデザインも多く、現代人の多くが2画でとらえているとわかります。章末に挙げた『かな・デザイン大字典』で確認してみてください。

　「ヲ」は、1、2画めが点から横棒になった時点で、「フ」の字＋横棒となる方向へ歩み始めたと言ってもいいのではないでしょうか。横棒を2本書いて、下の方が短いというのは、日本の

文字においては普通ではありません。「末」から生まれた「マ」も、始まりは下の方が短い横棒だったはずですが、点に変わっています。「ヲ」が「フ」＋横棒となったことで、カタカナの字体の整備は完了した、と言うと言い過ぎでしょうか。「ヲ」の字体が／ヨコ＋下に＋ヨコ＋右に＋ノの字／から／フの字＋ヨコ／となったことは、「ツ」の字体にも影響したと言えます。「ツ」の字体は／2点＋ノの字／ですが、「ヲ」との区別から、この2点は、縦に並んではまずかった。しかし、「ヲ」が／フの字＋ヨコ／なら、2点は縦に並んでも大丈夫です。だから、前章の「ラッキョ」の「ツ」が生じたのです。現代においては、2点が縦に並んでも「ツ」の実現形と言えるのです。

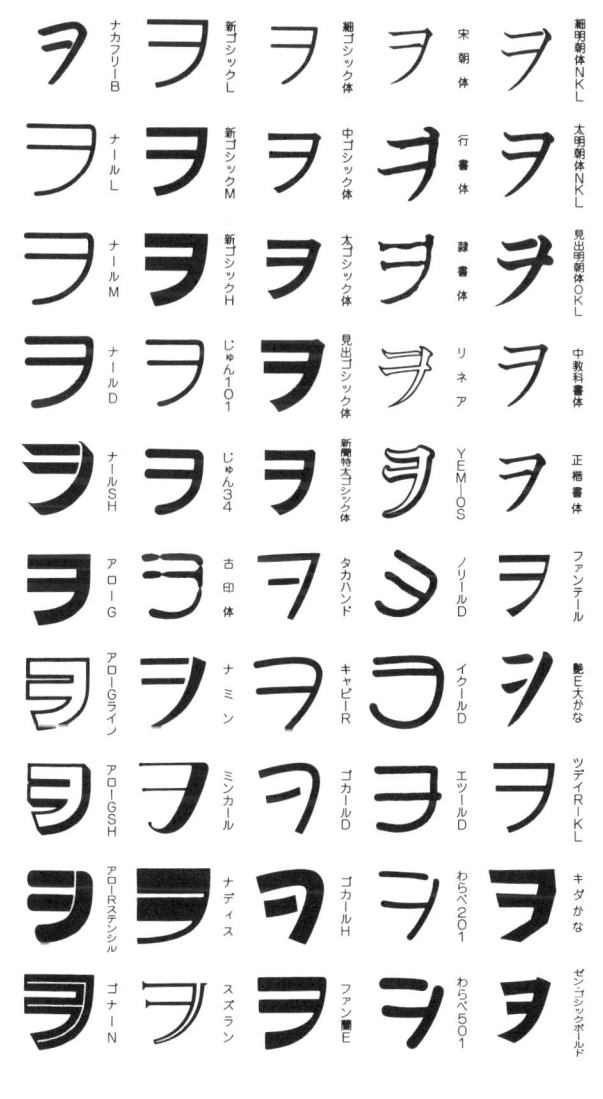

❷ 引き締まったカタカナ

③ 「いけのくんへの手紙」の「く」
鏡文字の正体

　左の下手くそな文字を見てください。これは、ある小学校一年生が、入院したクラスメートの「いけの」君へ書いた励ましの手紙です。

　正直に「へたくそ」と言ってしまいましたが、読めなくはありません。冒頭の「いけのくん」の「く」は反対向きになっています。気がつきましたか。気がついた人がほとんどだと思いますが、だからといって、「こんなのは「く」じゃない」とか、「これは見たことがない」とか、「知らない字だから読めない」などと反応した人はいないのではないでしょうか。なぜ反対向きでも「く」だとわかるのでしょう。

　ここの場合は、「いけの□ん」だから、「いけのくん」だとわかったと考えることもできますが、単語や内容がわからなくて

も、前後からその字がひらがなであることさえわかれば、このかたちの字は「く」だと確定できます。なぜでしょう。「ほかにこんな字はないから」なのですが、それを字体というとらえ方で確認してみましょう。

「く」の字体

　ひらがなの「く」の字体はどう表せるのか。「く」のかたちをことばで説明するなら、「右上から左斜め下へ、（ほぼ直角に折れ曲がって）右斜め下へ」ということになるでしょう。しかし、やや右から出発するのは、中ほどで右へ折れ曲がるのを見越してのことですから、ともかく「く」で一番重要なのは、「折れ曲がる」ことです。字体というのは、他の字（字体）と区別することが最も重要で、必須条件ですから、「く」の場合、「折り曲げ」＋「上から下へ」（あるいは「縦に」）でしょう。「折り曲げ」だけでは「へ」との区別ができません。ただし、左右どちらに折れ曲がるかは、他のひらがなとの区別に働いていないことに気づきます。「く」は実際には「右上から斜めに来て、右下へ」曲がりますが、その逆に「左上から斜めに来て、左下へ」曲がるひらがなは存在しません。左右逆というか、裏返しというか、そんなかたちのひらがなは存在していません。だから、「いけのくんへの手紙」の、最初に出てきた裏返しの「く」は「く」と読めるのです。たとえば、アルファベットの「p」と「q」、「b」と「d」、これらは左右逆です。「p」を「q」と書いてしまったら、「p」とは読まれず、「q」と読まれるでしょう。「b」と「d」も同じです。しかし左右逆の「く」は存在しないから、逆でも「く」なのです。

　だからこそ、この小学一年生は、裏返しの「く」を書いてし

まったのだと私は考えます。

「く」の字体、すなわち、他のひらがなと区別される「く」のかたちの特徴は、本当は／上から下へ、中ほどで折れ曲がる／でいいのだと私は考えています。左右逆の「く」は存在しないのですから。このような他の字体との区別のみを示したものを私は「潜在字体」と呼んでいます。現実には、このままでは「く」でも裏返しの「く」でも、どちらでもかまわないことになりますから、どちらかにしなければいけません。それで結局、右か左かという要素・条件が加わることになります。つまり、右か左かは、他の字（字体）との区別には働いていないが、その字を書くときには必要なものと位置づけることができます。

ひらがなを見渡してみましょう。左右逆にして別字になる「p」と「q」のようなペアがあるでしょうか。近いのは「さ」と「ち」です。私が今、この原稿を打っている明朝体という書体では、ほぼ左右対称です。しかし、「ち」は必ず2画で書きますが、「さ」は3画で書く方が基本です。教科書体という書体では「さ」は「さ」で3画です。ですから、裏返しとは言えません。カタカナまで広げても、日本語の仮名には、裏返しで別字になるペアは見出せません。こういうことが背景にあるから、子どもたちは、仮名の習得のある段階において、裏返しのかたちをよく書くのです。

「鏡文字」は間違っていない

こうした左右が逆の字を「鏡文字」と言います。はじめに取り上げた「く」も鏡文字です。鏡文字を「正しい」かたちであると認めることはできないと私も思います。しかし、「誤り」だとも言い切れないのではないでしょうか。なぜなら、鏡文字は、

他の字と区別できるその字の特徴を備えているからです。つまり、鏡文字は、「潜在字体」の実現形の一つであり、その点では、「正しい」とされるかたちと対等なのです。

　漢字まで範囲を広げても、左右逆にして別字になる字はほとんど存在しません。私が知るかぎりでは、漢字の部品に、／ヨの字／と／Eの字／とがあるくらいです。前者は「雪」や「浸」などに見られ、後者は「虐」くらいでしょうか。前者の方が圧倒的によく用いられますから、「虐」を「トラガシラにヨ」と書く誤字が生じるのです。皆さんは「虐」を「トラガシラにヨ」と書いた経験はありませんか。私はあります。裏返しても別字にならない、左右逆は二の次、が背景にあるからです。これはけっして言い訳ではありません。「トラガシラにヨ」を書いてしまった大人は、裏返しの「く」を笑うことはできません。そもそも笑ったり馬鹿にしたりするような現象ではないのです。

　鏡文字は、ほぼその文字のかたちが習得できていることを示しています。最も大切なポイントはクリアしているのですから。あとは左右だけです。ですから、子どもが鏡文字を書いていたら、「よし、もう一息」と温かく見守っていればいい。大人は、鏡文字の仮名を書いていません。自然に左右を身につけたからです。左右が決まり「正しい」かたちになるのも時間の問題なのです。

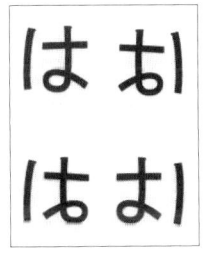

　ついでに言うと、まったくの「裏返し」だけではなく、次に挙げるようなかたちも鏡文字の仲間です。左に挙げたのは「は」です。皆さんも、こういうのを見たことがあると思います。左上が「正しい」とされる「は」、右上が鏡文字（裏返しの「は」）です。

しかし、左下や右下の「は」もその仲間だと理解できるでしょう。「は」の字体をことばで説明すると、「縦棒を引いて、その横の少し上の方に横棒を引き、その横棒に真ん中あたりを通る縦棒を引き、その縦棒の最後を丸めて結ぶ」でしょう。その説明に従って線を引くと、左の四つのいずれにもなり得ます。つまり、四つとも、「は」の潜在字体の実現形だということです。四つとも、「は」以外の仮名ではあり得ません。だから、子どもがよく書いてしまうのです。

　私はこんな風にとらえています。「四つ、どれも間違ってはいないんだけれど、左上のを書くことにする」という約束がある、いかがでしょう。

「いけのくんへの手紙」を読み直す

　鏡文字とその同類のものを書くのは、字体習得の最終段階であることは、先に挙げた「いけのくんへの手紙」で確認できます。もう一度、「いけのくんへの手紙」を見てください。これを書いた子は、最初の「く」は鏡文字になっていますが、2回め以降の「く」は左右が逆になり、正しい「く」になっています。特に注目されるのは、2回めの「く」です。ずいぶん左の方に寄っています。鉛筆を原稿用紙に置いた段階（起筆部）では、まだ、右斜め下へ引いて左へ

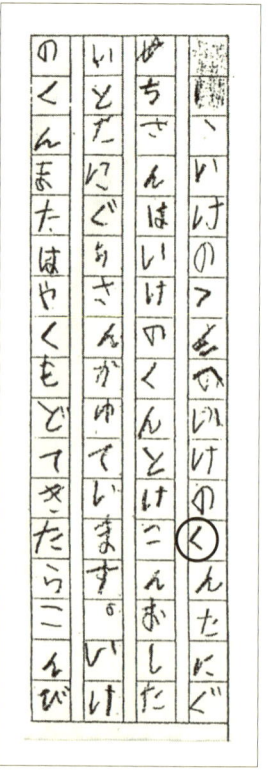

曲げるつもりだったのでしょう。とっさにそれでは逆になることに気づいてそのまま左斜め下へ引いた。そのおかげで正しい「く」になったけれど、ずいぶん左に寄ってしまった。3回めの「く」からは、落ち着いてきています。しかし、4行めの「ま」で、またムスビを逆に回転させかけた。これも気づいてなんとかクリア。よく頑張っています。本当にもう一息。もう大丈夫。
この小学一年生の手紙に出会って、私は、ひらがなのムスビには、右ムスビも左ムスビもなく、ムスビは一種類であることを知りました。そして、その一種類しかないムスビは、潜在的にはどちらへ回してもいいのですが、「時計回りに回転させる」という実現の際の約束があるのです。

もう一言

　ここまで、鏡文字についてお話ししてきましたが、それは左右が逆のかたちでした。上下が逆というのはどうなのでしょう。子どもたちの字の習得を見ると、ごく初期には、上下もおぼつかない段階がありますが、まず上下が決まるようです。上下が決まるというのは、図形に限らず、外界の把握全般に関わることだと思われます。ともかく、まず上下が決まるので、上下逆の字らしきものは早い時期に消えてしまいます。そういうことからも鏡文字というネーミングはまさにぴったりです。

④ ぜい肉落として丸くなる
ひらがなの字体と丸文字

　ここでは、ひらがなのかたちのしくみについて取り上げます。第2章では、カタカナが無駄の少ない引き締まった字体であるとお話ししました。ひらがなはどうでしょう。ひらがなは、私たち日本語使用者にとって、ベースになる基本的な文字ですが、かたちを思い浮かべてみると、ぐにゃぐにゃしていて複雑なようでもあります。しかし、表面上、複雑に見えても、それはあくまで実現形です。これまで見てきたように、実現形の背後にある字体の張り合い関係が極めて重要だと私は考えています。ここでも、字体、字形、書体に気をつけながら、ひらがなのかたちのしくみを解明していきたいと思います。

ひらがなの誕生

　ひらがなも、カタカナと同じく漢字（働きは仮名、姿は漢字のいわゆる万葉仮名）から生まれました。カタカナとの違いは、カタカナが、基となった漢字の筆画の一部分を残した（一部分で全体を代表した）ものであるのに対して、ひらがなは、原則として漢字一字全体を「崩した」ものであることです。漢字には、筆

画を滑らかに続けて書く草書という書体があります。中国から漢字が日本に入ってきたとき、すでに草書は成立していました。ひらがなは、この草書から生まれたと思われます。ですから、日本に入ってきた楷書の漢字が、日本で崩されてひらがなになったのではありません。

　たとえば、右に挙げるのは、中国の孫過庭「書譜」(687年、『書の宇宙　9』二玄社より) の「之不及」と書かれた箇所ですが、二番めの字は、どう見てもひらがなの「ふ」です。しかし、「書譜」は中国のものですから、ひらがなが書かれるはずがありません。これはれっきとした漢字です。「書譜」やさらに溯って王羲之「十七帖」などには、ひらがなにそっくりのかたちの漢字がいくつも存在しています。これら（の原本）は、日本でひらがなが成立したとされる時期より前に書かれたものです。

　もともと、草書という書体は、楷書が崩れて生まれたものではありません。草書は、楷書より古い隷書（一部は篆書）から生まれたとされ、楷書とはいわば兄弟に当たります。

　日本と中国との交流が密になり、ある程度まとまって漢字が日本に入ってきた時代には、中国でも日本でも楷書が基本（真書）と意識されるようになっていますから、楷書は正式な公的場面で用いられる書体であり、草書は私的なくだけた場面での書体と位置づけられることになります。楷書が徐々に「崩れて」ひらがなになったのではありませんが、書体の使い分けという点では、フォーマルでないという意味で「崩れて」に近い意識は当初からあったと言っていいでしょう。

❹ぜい肉落として丸くなる

「書譜」の「不」の字で確認できたように、ひらがなのかたちは、草書そのもの、あるいはそれをさらに「崩して」生まれたものです。かたちだけを取り上げるなら、「極草」（崩しの度合の大きい草書）の一つであると言えます。

ひらがならしさ

ひらがなの筆画は、まっすぐな横・縦もありますが、総じて外側に丸みを帯びています。くるりと回す「結び」（以下、「ムスビ」）もあります。小学校では、ひらがなの画数は1画から4画だと学びますが、一筆書きしても通用します。たとえば、今、この本で用いているのは明朝体です。印刷書体としての明朝体のひらがなは、よく見ると教科書体と違っています。

明朝体	さ	き	な	ふ
教科書体	さ	き	な	ふ

学校で学ぶ教科書体では離れている筆画が、明朝体ではつながっています。だからといって明朝体は間違いだということにはなりません。滑らかで一筆書きでも実現可能、こうした性質は、草書という書体がもともと持っていた特徴です。

しかし、現代人は、ひらがなを書くとき、元になるかたちがあって、それを崩しながら書いていると意識してはいません。漢字の草書など知らなくても、ひらがなは書けます。ひらがなと漢字とは、別の文字のグループとして存在し、働いています。ならば、ひらがなの字体というものを、漢字とは別に設定でき

るはずです。私たちは、確かにひらがなを書くことができるのですから、それはひらがなの字体をマスターしていることの証でしょう。

ひらがなの字体とは

　カタカナの字体にならって、ひらがなの字体を考えるとき、基本点画として、／点／、／タテ／、／ヨコ／、／ムスビ／のほか、いくつかの「曲げ」（以下、「マゲ」）が存在していると私は考えています。しかし、教科書体のひらがなをじっくり見ると、字によって少しずつ異なっていて、それに忠実であろうとすると、かなり多くの基本点画を認めざるを得ません。小学校の先生の中には、細かい点まで教科書体に近いものを書くように教えている先生もいらっしゃると思いますが、教科書体であろうと書体としての特徴は、字体ではありません。字体とは、他の字との区別に働いているかたち、その字をその字たらしめているかたちです。いろいろなかたちで実現している筆画から、それらを貫く特徴として導き出されるものです。

　書写で習うひらがなは、草書の名残を残しています。筆で書いてきた手書きの特徴を生かそうとしている教科書体のひらがなも、過去（漢字の草書）を引きずったままだと言えます。それゆえ、一つの文字のグループにおける字と字との区別という点からすれば、教科書体はかなり無駄が多いように思われます。私たちは、それを手本・目標としながらも、現実にはもう少し無駄の少ないかたちで身につけているのではないでしょうか。明朝体のひらがなは、教科書体以上に点画がつながっていますが、そうした「つながる」「離れる」は、表面的なもの、実現のしかただととらえていいはずです。以下、そうしたことを確認

していきましょう。

　まず、教科書体とゴシック体とを比べてみます。

教科書体
あいうえおかきくけこさしすせそたちつてと
なにぬねのはひふねほまみむめもやゆよ
らりるれろわゐゑをん

ゴシック体
**あいうえおかきくけこさしすせそたちつてと
なにぬねのはひふねほまみむめもやゆよ
らりるれろわゐゑをん**

　教科書体もゴシック体も、ひらがなは原則として曲線でできていますが、ゴシック体は、曲線であってもかなり単純化しています。と同時に、線質が一つになってしまって、ハネやハライにも「骨」が入ってしまっているというか、ちょうど針金を曲げて作ったようなカナクギ流と言えます。しかし、ゴシック体のひらがなは間違いなのかというと、これも「正しい」ひらがなです。書体とは、字体が実現する際に「帯びる特徴」です。こうした書体の特徴の奥に字体があるのです。複数の書体を比較しながら、さまざまな字形としてのバリエーションに共通する特徴、書体の飾りや書風の癖を取り払ったとき見えてくるもの、それこそが字体です。

「い」の字体

　「い」の字体を考えてみましょう。本書の書体ではつながってしまっていますが、第1画、第2画とも、外側に丸みを帯びた縦棒で書かれます。ここまでは、誰しも一致するところですが、

それで終わりなのでしょうか。『かな・デザイン大字典』を見ると、第1画は、ほとんどが、撥ねたり、折り曲げたりしています。第2画の最後も小さく撥ねている書体があります。

これらのハネは、「い」のかたちに必須の要素なのでしょうか。つまりは「い」の字体なのでしょうか。撥ねていない書体が存在しているということは、必須であるとは言えないことの証だと私は考えます。ハネを取ってしまうと、別のひらがなになるなら不可欠な要素ですが、そうではありません。

では、このハネは何なのでしょう。私はこれを、次の筆画への「ワタリ」ととらえています。このワタリというのは、発音（音韻・音声）の「わたり音」からの連想です。たとえば、「ピアノ」「ドア」と発音したつもりでも、「ピヤノ」「ドワ」のようになります。ここで聞こえるy音（a→ya）、w音（a→wa）を「わたり音」と言います。これに似た現象ととらえるのです。縦棒なのに、次の筆画の始まりが上の方なので撥ね上げてしまう。棒でいいのに、次へのつながりで払ってしまう。そう考えられますから、払った部分、撥ね上げた部分は、単なるつなぎでしかなく、すなわちワタリです。

そう考えると、「い」の字体は／タテ＋右に＋タテ／。これが

❹ ぜい肉落として丸くなる　　45

ひらがなの特性である丸みを帯びて実現する。先の『かな・デザイン大字典』の左から4列め、上から3段めの「い」が、それに当たります。この書体は、エツールDと名前が付いていますが、いわゆる「丸文字」の印刷書体の一つとして創作されたものです。

丸文字を知っていますか

丸文字とは、1970年代後半から90年代前半ごろ、少女たちの間で大流行した丸さが特徴の「かわいらしい」書体で、マンガ文字などとも呼ばれました。大人たちには不評でした。確かに、学校で学ぶ教科書体や、伝統的な書写書道の手本のかたちとは大きく異なり、読みにくい、ふざけた文字という扱いでした。否定的な社会の風潮の中、その意義を認める論がありましたが、少女たちの連帯意識といった社会学的な視点からのものでした（山根一眞1986『変体少女文字の研究』講談社）。

しかし、字体という視点から見ると、先のエツールDの「い」は、余分なものを削いだ「い」のかたちの原点とも言えるものでした。以下、丸文字に注目しつつ、さらにひらがなのかたちを見ていきたいと思います。

丸文字全盛期（1985年ごろ）に、女子短大生（当時）に書いてもらったひらがなには次のようなものがありました。

```
さ し す せ そ    や い ゆ え よ
た ち つ て と    ら り る れ ろ
な に ぬ ね の    も い う え を
                 ん
```

　これは、それほど丸くないのですが、よく見ると、線質の一元化が認められます。普通の線ではなく、先が細くなるハネ、ハライがありません。山根一眞氏の『変体少女文字の研究』の一覧表の文字は、一部むやみにクルクル巻いたような「飾り」も認められますが、私自身が見てきた学生の手書き文字は、書写書道的なかたちから離れると同時に、かたちの単純化が見て取れるものがほとんどでした。

　たとえば、「わ」「れ」「ね」について見てみます。パソコンの日本語文章作成機能には、いくつもの書体が搭載されています。私が普段打っているのも明朝体です。いくつかの書体の「わ」「れ」「ね」を比べてみましょう。

明朝体	わ	れ	ね
教科書体	わ	れ	ね
ゴシック体	わ	れ	ね
ポップ体	わ	れ	ね

❹ぜい肉落として丸くなる

どの書体でも第1画は縦棒ですが、第2画は書体によってずいぶん違って見えます。明朝体は、よく見ると第1画の最後を左上に撥ね上げています。それは、まるでムスビのように見えてしまい、「わ」と「お」とが似て見えます。教科書体は、第2画が、どのように書かれるかはっきり見てとれます。しかし、ゴシック体は、線がやや太く、第2画が折れ曲がっているのではなく、短い横が離れているように見え、これらの字は2画ではなく、3画のように見えます。ポップ体も同様です。縦棒を書き、短い棒（点に近い）を書き、あらためて下から第3画を書き始める、そう見えます。

　実際に書かれている丸文字では、そう見えるのではなく、まさに3画で書かれている例が多く見られました。先の短大生の書いた「わ」「れ」「ね」をご覧下さい。また、若者でなくても、「わ」の第2画が、「ゆ」の第1画のように書かれることもあります。究極だと思われる例は、第2画の複雑なヘアピンカーブがなくなって（短い棒（点）も無くなってしまって）、縦棒と曲線だけになったものです。「わ」は、縦棒と「つ」の字のようになってしまいます。

丸文字はただの遊びではない

　こうした変形に、過去の呪縛（筆で書く草書の特徴を正しいとする意識）から脱することのできない大人たちはついて行けなかったのです。しかし、これまで繰り返し述べてきたように、基本である「他の字（字体）との区別」という観点から見ると、「わ」「れ」「ね」を互いに区別するのは、第2画の最後の方の曲がり具合（「ね」はムスビとなる）であることは明らかです。三つの字は途中まではまったく同じかたちです。つまり、第2画の始まりの

折れ曲がりの部分は三つを互いに区別するのに働いていません。

では、その折れ曲がり部分は他の字（字体）との区別に働いているでしょうか。「わ」は「ゆ」との区別、「れ」は「ん」との区別、「ね」は「ぬ」との区別が気になりますが、やはりそこにおいても、第2画のヘアピンカーブで区別されているとは言い切れません。他の要素で十分に区別可能です。つまり、「わ」「れ」「ね」の第2画の始まりの複雑な折れ曲がり部分は、他との区別には働いていないのです。

こうした区別に働いていない特徴を、「余剰特徴」と言います。母なる漢字（万葉仮名）の草書の名残であると言っていいでしょう。わかりやすい例を挙げるなら、ひらがなの「ま」の第1画と第2画とは、どちらが長くても同じ長さでも、まったく差し支えありません。しかし、教科書体など多くの書体では、第1画をやや長くデザインしています。

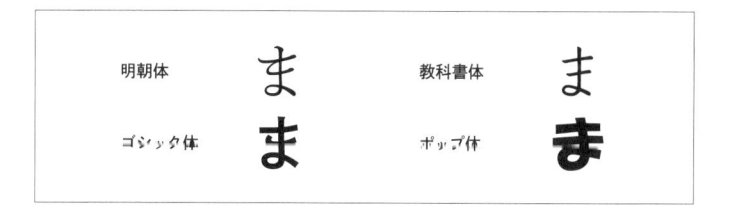

明朝体	ま	教科書体	ま
ゴシック体	ま	ポップ体	ま

これは、「ま」の母なる漢字「末」の特徴の名残でしょう。確かに、漢字の場合には、「末」と「未」とは、別字であり、両者の区別は二本の横画の長さ（上が長いか下が長いか）です。しかし、「未」の字から生まれたひらがなは（現在は）存在していません。生まれた頃は、母とのつながりのために上が長い特徴が必要だったかもしれませんが、新しい文字のグループとして真の自立を果たしたのなら、その段階で消えてなくなってもいい

❹ぜい肉落として丸くなる

特徴だと言えます。

　印刷書体であっても、書写書道的な特徴を持つ教科書体や明朝体のひらがなは、漢字の草書の名残をとどめています。一方、ゴシック体、ポップ体では薄まっています。それが消えたのが丸文字なら、丸文字はひらがなの進化形と言っていいことになります。さらに見ていきましょう。

丸文字は進化したひらがな

　ひらがなには線を一回丸め（て交差させ）るムスビがあります。その最も基本的なかたちは「の」でしょう。次に、ムスビを持つひらがなをすべて挙げてみます。

明朝体
のめぬあ　よまはほなね（ぬ）
お　　す　　む　　みゐ　　る（ゑ）

教科書体
のめぬあ　よまはほなね（ぬ）
お　　す　　む　　みゐ　　る（ゑ）

　書写書道の世界では、これらは、微妙に、あるいは大きく異なり、どれ一つ同じものはないと扱うでしょう。しかし、それは実現形ですから、それらの基づく字体を想定してみましょう。

　小異を捨てれば、「の」のグループと「よ」のグループにまとめられそうです。それでも、「お」、「す」、「む」、「み」（「ゐ」）は特殊なかたちで、別立てする必要がありそうです。また、「る」（「ゑ」の最後の部分）は丸めて輪を作りますが、交差してはいませ

ん。

しかし、これらのムスビは、ポップ体、そして丸文字では、かなり近いかたちになっています。「の」のグループと「よ」のグループとは、一つに統合できるでしょう。特殊な「お」「す」まで、ほとんど同じかたちで書かれた例を見たことがありますから、これらを含めて一つにまとめることも不可能ではありません。つまり、特殊なムスビが、一つのムスビに収斂(しゅうれん)（合流・統合）するのです。少ない部品で成り立つなら、その方が効率がいいに決まっています。ポップ体では以下の通りです。

のめぬあ　よまはほなね（ぬ）
お　　す　　む　　みゐ　　　る（ゑ）

丸文字では、他の字（字体）との区別に働いていない部分の消滅、あるいは他のかたちとの統合がいくつも認められます。丸文字は、無駄の少ないかたちになり、少ない特徴で字（字体）同士が互いに張り合っています。カタカナに負けないくらい無駄の少ないしくみだと言えます。丸文字の「丸」とは、多くの字が丸みを帯びていることからの命名でしょうが、もともと、ひらがなはカタカナに比べて丸みを帯びています。縦、横は、原則として外側に張り出した曲線で実現していますから。そこへ、ムスビが統合し、右回転**の**が基本パターンとなっていることが加わり、丸みが強調されたのが丸文字なのです。

次に挙げるのは、以前、私が示した「丸文字の連関」です（「まるがなは生き残る―丸文字考察」『月刊日本語』1989年9月号）。かなり無駄の少ない張り合い関係になっていることがわかると思います。

```
              り       こ
    ん―ひ―い    そ う―ら―ち
    た―に―こ―て―つ―ろ―る
    な け へ―く―し ろ
        は―す―あ あ
         × 
    ほ―ま―よ―の―め―ぬ
         も
```

　丸文字では、いくつもの基本点画が統合しており、／ヨコ／、／タテ／、／点／、／ムスビ／の四つにいくつかの／マゲ／を加えれば、ほとんどの字はその組み合わせで説明可能です。私は、これこそが、ひらがなが潜在的に持っている字体のしくみだと考えます。

　潜在的にはそうであるとして、教科書体を理想・目標とする現実のひらがなの字体は、どうとらえればいいのでしょうか。「これだ」と示すことはできません（個人差もあります）が、実現したかたちの細かい部分まですべて異なるとする必要はなく、丸文字ほど統合していない、その中間でしょう。書体の特徴まで含めて教え込まれても、書いていく間に細かな点はいい加減になっていきます。これは、理想から遠ざかっていくように見えますが、実は、本来必要である区別のみの潜在的字体に近づいている動きであるととらえるべきでしょう。丸文字の登場は、ひらがならしい字体のしくみが実現形（字形）にも表れてきた出来事だと言えると思います。

文字のグループ内における互いの区別を第一とする字体のしくみは、無駄がありません。その究極のあり方に、丸文字はかなり近づいたと私は思っています。それゆえ、私は、この無駄の少ないかたちへの進化を、「ぜい肉落として丸くなる」とまとめました。いかがでしょう。次ページに掲げるように、カタカナの字体の整備とひらがなの丸文字の誕生とは、どちらも引き締まった字体のしくみの実現という点で似た現象だったのではないでしょうか。

遅れたひらがなの字体整備

　もう少し、ひらがな成立以後のひらがなの字体・字形の変化について考えてみましょう。

　丸文字が無駄を削った進化したひらがなだとするなら、カタカナの字体の整備は13世紀だったのに、ひらがなは700年も遅れてしまったことになります。それはなぜなのでしょうか。私は、その原因は、ひらがなと漢字の草書との連続性にあると考えます。江戸時代までは、庶民の書体は、楷書ではなくむしろ行草体だったと言われています。草書が生きているかぎり、ひらがなのかたちは草書の一種であると言えます。また、明治33年（1900年）の「小学校令施行規則」による仮名字体統一まで、異体仮名は公的にも認知されていましたから、ひらがなは一音一字一字体ではなかったわけです。字体統一以前の明治の小学校の教科書には異体仮名（いわゆる変体仮名）も用いられています。明治の小学生は異体仮名も学習していました。それらには、漢字の草書とまったく区別のつかないものも存在していました。ひらがなは、用法では漢字から離れたはずなのに、かたちにおいては漢字から自立していなかったのです。そう考える

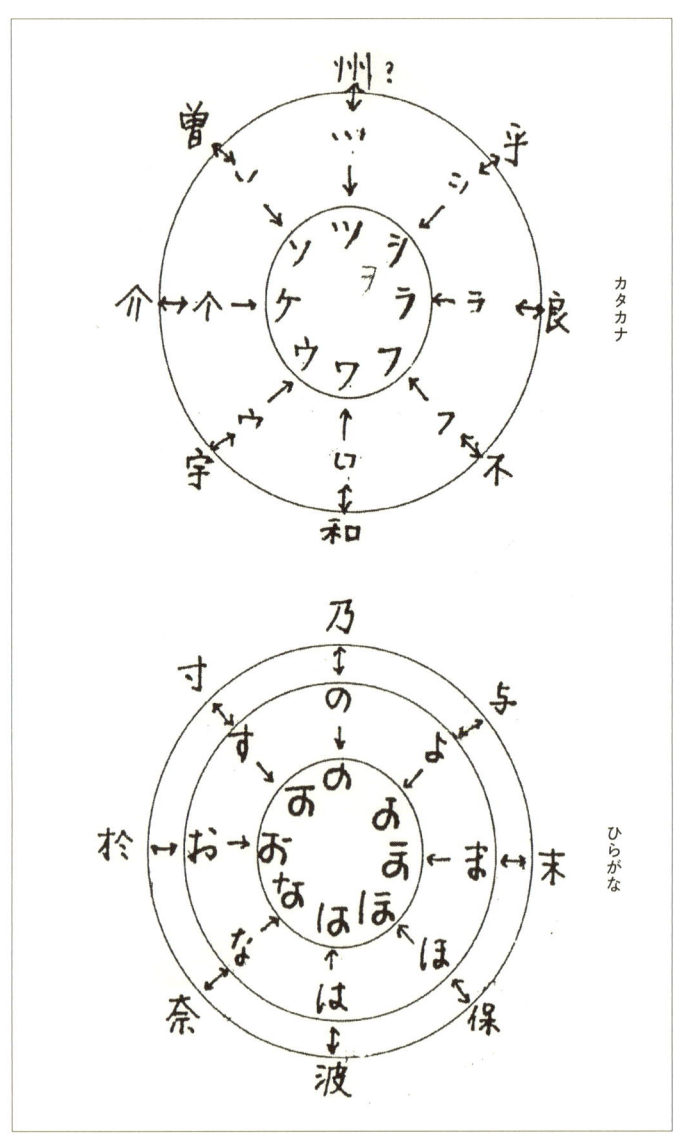

(注)「←→」は連想。最も外側は、漢字であることを示している。

54　仮名のかたちの変化

と、1900年の仮名字体統一によって、一音一字一字体となったのですから、ようやくひらがなのかたちの外枠が確定したわけです。それを受けて、字体の整備が始まったとは考えられないでしょうか。

　もちろん、その変化の要因として、横書きの一般化、筆記用具の変化があることは間違いありません。それらを抜きには考えられません。

　筆で書くことの衰退は、すでに述べてきたように、線質の一元化を促しました。また、書写書道の非日常化は、草書の事実上の消滅でもあります。楷書を基本あるいは正しいものと位置づけた場合、行書ならば、その変形（ぞんざいな姿、あるいは芸術的な姿）と把握可能ですが、草書は、楷書と直接結びつけることは極めて困難です。草書は、草書として学ぶ必要があります。しかし、筆による書写が縁遠くなった現代人にその機会はありません。

　横書きの一般化も極めて重要な要因です。一つ一つの漢字は、およそ左上から書き始め、右下で終わります。縦に漢字が並ぶと、一字書き終えて次へ進もうとすると、たいていの場合、右から左下へとなります。

　「女」という漢字の草書が「め」となる、つまり横画をぐるりと回すようにして、最後に左下に払うのは、下に続く次の字へのワタリから生じたものです。こうした縦書きによって生じた特徴を、これまでのひらがなは持ち続けてきました。しかし、横書きが主流になると、横につなげやすいかたちが求められることになります。先に挙げた短大生のひらがなや、ポップ体のひらがなには、そうした横書きのしやすさが見て取れます。飾りを満載した丸文字には、あまりそういう点は見出しにくいか

❹ぜい肉落として丸くなる

もしれませんが、実際に若者たちが書くひらがなには、横書き向きの変形が起こっています。

丸文字は生きている

　丸文字はひらがなの進化形だと私が宣言してから、実は、丸文字流行のピークは過ぎて下火になっていきました。「やっぱり、一時的な流行だった」「少女たちの遊びだったんだ」といった声を耳にするたびに、「ひらがなは将来丸文字になる」と書いて出した1991年の年賀状が笑われているような気がしました。しかし、私は、過剰に丸く書く丸文字は消えても、先に挙げたポップ体のようなかたちは現在のひらがなの主流になっていると思っています。細かい違いまで丁寧に小学校の先生が教えても、結局、ポップ体のようなかたちでひらがなを書く若者（「子ども」から「若者」へ、そして「若者」も皆「大人」になる）は多いのではないでしょうか。

　筆記用具の変化（筆で書かない）、横書き主体という丸文字を生む背景・条件は今も変化していません。ただ、私が予想した以上だったのは、手書きそのものの機会の減少です。書かずに「打つ」時代になってしまいました。こうなると、書くことから生み出される無駄減らし（省力化）という自然な変化は弱まってしまいます。ワープロが発明されていなければ、手書きのひらがなのかたちは、もっと丸文字に近いものになっていたのではと想像するのです。（→第13章）

⑤ ギャル文字が教えてくれること
「ギャル文字ヵゞ教ぇてくЯёゐつ`ヒ」

　21世紀の幕開けは、字を「打つ」時代の到来、字を「選ぶだけ」の時代の到来でした。ケータイを持った少女たちの遊び心は、「ギャル文字」を生み出しました。タイトルの2行めはギャル文字で表示したタイトルです。残念ながら、ギャル文字ブームは短命（2001年頃〜2005年頃）でしたが、丸文字がそうであったように、ギャル文字もまた、私たちに文字のかたちとそのしくみを教えてくれます（と私は考えています）。

　ギャル文字の第一の特徴は、ある字を、かたちの似た他の字や表記符号、あるいはそれらの組み合わせで表そうする点です。自分たちで通じる文字、仲間意識・連帯意識を確認する文字という意味では、丸文字と同じですから、さしずめ「書かない丸文字」「打つ少女文字」と位置づけることができるでしょう。手書きの少女文字が丸かったのは、かわいらしさだけでなく、それまでの書道的な文字から離れた、「進化したかたち」の実現でもあったと私は考えています（→第4章）。もちろん、手書きしない世界で生まれたギャル文字は、手書きの丸文字とは基盤というか基本的な性質が異なります。ギャル文字では、書く手

間でなく、打つ手間が問題となります。しかし、ギャル文字も文字であるかぎり、やはり視覚的な記号ですから、他の記号・符号を選び、組み合わせる際には、字のかたちの把握が前提となっているはずです。つまり、丸文字同様、少女たちの遊びの中に生じた文字には、彼女たちの字体認識・字体把握が垣間見え、それぞれの字のかたちの特徴をどこに見出しているのかをたどることができるはずです。言い換えるなら、ギャル文字から個々の字のかたちの特性を確認できる－あぶり出せる－のではと考えるのです。

ギャル文字も文字だから

　ギャル文字は、ケータイ内に準備された「皆が使用する」文字では満足できない少女たちが考案し広がったものですから、自分たちの世界だけで通用する暗号のような性質を持っています。つまり、誰にでもすぐ読めてしまうのでは、仲間意識の確認にはならず、目的を果たせません。それゆえ、ギャル文字は、彼ら以外の者にとっては、そもそもわかりにくいものとして存在しているのです。かくいう私も、正直、ちょっとついていけないなあと思っていました。しかし、彼女たちだって、まったく読めないのでは文字として成立しません。重要なポイントは、やはり、かたちにあります。標準的であると彼女たちが考える文字と、かたちの上で関連づけられる符号（の組み合わせ）を用いていることは間違いありません。

　以下に、収集したギャル文字の仮名を挙げます。ギャル文字を使う少女たちは、うまい他の文字・符号を見つけられなかったとき、小文字にしたり、半角にしたり、ローマ字やそれに準じたものにしたりして、つまらなさを少なくし、面白さ・楽し

さを出そうとしましたが、ここでは、最もギャル文字らしいもの、すなわち、かたちの似た別字・無関係な記号で表したり、複数の記号を組み合わせて作ったりしたものだけを抜き出してみました。

あ (ア) → †の 了
い (イ) → ぃヽ ぃ`
う (ウ) → 宀
え (エ) → エ ヱ
お (オ) → す` よゝ 才
か (カ) → カヽ カ| カゝ
き (キ) → (‡ (¥ (≠ ‡
く (ク) → く ク ノ7
け (ケ) → († レ† (t レt
こ (コ) → ⊃ ⊃ = = ⊃
さ (サ) → ± († _† ‡
し (シ) → U ι u =ノ
す (ス) → £
せ (セ) → 世
そ (ソ) → ξ ヽノ
た (タ) → T= た †⊇ 夕 勺
ち (チ) → ζ 千
つ (ツ) → ⊃ "ノ
て (テ) → τ 乙 〒
と (ト) → ヽ⊂ `⊂ ト
な (ナ) → †ょ †ま Tょ
に (ニ) → (= (= (こ レこ レニ

60 仮名のかたちの変化

ぬ（ヌ）　→　ゐ　又

の（ノ）　→　σ　¢

は（ハ）　→　(よ　(ょ　レよ　レょ　レ£　ノヽ

ひ（ヒ）　→　M　μ　／U、

ふ（フ）　→　、ξ、　,3,　、ζ,

へ（ヘ）　→　∧

ほ（ホ）　→　(ま　レま　木

み（ミ）　→　ゐ　彡　≡

む（ム）　→　£`　ム　∠、

め（メ）　→　×　乂

も（モ）　→　=し

よ（ヨ）　→　ョ

り（リ）　→　レ)　レノ　L)

る（ル）　→　ゑ　ゐ　儿

ろ（ロ）　→　3　з　□

ん（ン）　→　ω　冫

　かなりスゴいのがあります。しかし、確かにそう表せるだろうと言われれば、そんな気もしますし、よく探したものだ、よく工夫されていると思うものもあります。

ギャルたちの工夫

　ところで、現代は横書きの時代となりました。ＰＣもケータイも横書きです。ある文字をよく似た符号で表そうとしたとき、1対1で置き換えができる場合と、そうでない場合がありますが、複数（二つ以上）で表そうとすれば、ケータイは横書きですから、文字・符号は横に並びます。当然、横に並んだ文字・符

号で、当該の字に似たものを探すことになります。偏と旁から
なる漢字の場合は、それぞれを一文字で表せば、倍角の漢字の
ようなものがすぐできますが（「神」→「ネ申」、「好」→「女子」）、
仮名の場合はそう簡単にはいきません。

　横に分けられそうなものは、ひらがなでは、「い」「か」「け」
「た」「な」「に」「は」「ひ」「ふ」「ほ」「む」「り」くらいでしょ
うか。カタカナは、「ソ」「ツ」「ハ」「リ」「ル」、無理して「ク」
「ケ」「シ」「ト」「ホ」「ム」「ワ」「ン」くらいでしょうか。これ
らの多くは、ギャル文字でも、横に並ぶ複数の符号で表されて
います。

　他方、縦になら分けられる文字、これは残念ながら横書きで
はうまくいきません。「こ」「ニ」なら「＝」、「テ」なら「〒」
など、似た記号があれば分けずに対応可能ですが、「う」「え」
「き」「さ」「ら」、「テ」「ネ」「ミ」「ラ」などはなかなか大変で
す（「さ」→「±」あり）。縦の方がより自然なのに、無理気味に横
二つにしたギャル文字（「き」「と」など）もありますが、縦に分け
られそうな文字の多くは、二つに分けて表すことができなかっ
たようです。もし、今、縦書きが主流で、ケータイの文字・符
号が縦に並んでいたなら、今度は「う」「え」「ラ」などの対応
が容易だったでしょう。

　このように、文字・符号の並ぶ方向が横に決まっていますか
ら、自由に二つの文字・符号を組み合わせてというわけにはい
かず、ギャル文字創作には大きな制約があります。しかし、そ
もそも、他の符号を用いてというのが高いハードルですから、
すべてそんなに似ているものができるわけがありません。

　しかし、繰り返しますが、そうした大きな制約の中で、かな
り頑張っていると言ってもいいのではないでしょうか。

ギャル文字を分析する

　仮名のギャル文字の実例からわかることを、まとめてみましょう。

◇直線と曲線

　前章でお話ししたように、ひらがなは丸みを帯びています。この丸みを強調して、全体を丸く統一したのが丸文字でした。しかし、／タテ／、／ヨコ／の場合、丸みをなくせば別の字体になるということはありません。ギャル文字には、標準的なかたち以上に曲線をデフォルメしたものもありますが、「こ」「た」「け」「に」に直線だけで構成されたものが見えます。ぴったりなのがないから仕方なかったのかもしれませんが、私は、直線でも許容できることの現れだととらえます。

◇「マゲ」について

　単なる丸みではなく、しっかりした「マゲ」は、字体レベルですから無視できません。ギャル文字では「し」は「U」、「つ」は「⊃」です。「く」は「＜」、「へ」は「∧」、このあたりは問題ありませんが、「も」→「=し」、「と」→「`⊂」、「て」→「乙」などは工夫しています。そして、どうしようもないと思えた「そ」「ふ」「ひ」に、「ξ」「ζ,」「μ」を見つけてきました。「ち」→「ζ」、「て」→「τ」、「ひ」→「／U丶」もあります。ギリシャ文字を用いたものは、統一とは逆の方向、個性的な部分をデフォルメしたものだと言えます。これは、手書きしないギャル文字の特徴の現れです。極めて複雑なかたちの符号であっても、自分で書くわけではありません。選ぶのですから、符号としての複雑さは問題ではなく、探し出してしまえば、打つ手間は同じです。

◇「斜め」について

標準的な「さ」「き」のタテは、左に傾いています。「な」「た」はやや右に傾いています。しかし、これらも斜めでなくてよいことをギャル文字は教えてくれます。「さ」を「土」とするのは、まさにぴったりです。面白いのは、「き」の3画めまでを「≠」で表すもの。向きは逆でもＯＫ、大切なのは、横棒2本に縦棒が交差することなのです。

◇「ムスビ」について

　前章で、微妙に異なる「ムスビ」が、丸文字では一つにまとめられていることを述べました。ギャル文字ではどうでしょう。「ね」「ぬ」「め」「あ」などは、いいものが見つからず、諦めているケースが多いようです。そんな中、注目したいのは、まず、「お」→「す`」です。丸文字でも接近していましたから、それの行き着いたものです（→第12章）。ところが、「す」をそのままにしていては芸がありません。「す」→「£」、しかも「む」→「£、」です。確かに両者とも「ムスビ」に横棒が交差しています。「お」には「よ、」もあり、「は」→「レよ」、「な」→「ナよ」なら無駄がありません。「は」→「レ£」も不思議はありません。「あ」を「＋の」とするユニークなものもあるようです。確かに、十字を書いて「の」を書けば「あ」ができあがります。十字と「の」とが少しズレたものが丸文字にもありましたが、ギャル文字は、完全に横並びです。その「の」ですが、丸文字では汎用性のある基本点画［の］、ギャル文字では「σ」。まさに「ムスビ」の極致です。

◇「ハネ」について

　「ハネ」は字体に関わっていないと前章で述べましたが、ギャル文字では、「ハネ」は消えるよりデフォルメされるケースの方が多くなっています。「い」「け」「に」「は」「ほ」「り」の第1画

は、縦棒でいいはずですが、多く「レ」になっています（「し」もあります）。縦棒では単純すぎて面白くない、あるいはわかりづらいということもあるのでしょう。「こ」も「＝」で十分なのですが（それもありますが）、「⊇」の方が確かに面白いです。

◇「ゐ」と「ゑ」、「ヱ」

「み」→「ゐ」、「る」→「ゑ」（「る」→「ゐ」の場合も）というのが気になります。これは、あるひらがなを別のひらがなで置き換えているのですから、読み違えられ、機能を果たさないはずです。しかし、お察しの通り、ギャル文字を用いる少女たちは、ひらがなの「ゐ」「ゑ」をよく知らない、ひょっとすると「ゐ」「ゑ」がひらがなであることを知らない。「み」「る」に似た部分を持つ見知らぬ文字として、ギャル文字の「ゐ」「ゑ」は成立しています。「え（エ）」に「ヱ」を用いるのも同様でしょう。そのこと自体が興味深いことです。

なぜブームは去ったのか

以上のように、方向性は一つではありませんが、丸文字にも、飾りの部分と統一・統合の面とがありましたから、納得できます。どこか似ている字や符号、そして組み合わせを見つけた喜びが伝わってきそうです。普通の字ではない、手の込んだものをわざわざ打っているという「手作り感」が、ギャル文字の本質だと言われることがあります。まさにそれが伝わってきます。と同時に、全体としてのギャル文字らしさが漂っていますから、やはり一つのグループを成していると言えます。

「ほ」は「レま」あるいは「しま」。丸文字でも、「ま」の字の左に縦棒があれば「ほ」でしたから、原理は似ています。しかし、ギャル文字の「ま」が「ま」のままだと、これは問題で

す。実際には「ま」は「Ma」などとするから大丈夫のようですが、「は」「な」などのギャル文字で用いられる「よ」「ょ」なども、「よ」そのものなのか別の字の部分なのか、両方で使われるなら極めて読みにくいものとなり、場合によっては複数の読みの可能性が生じます。それを、それなりに回避しているのか（そのままで単体としては使わないというルールとか）、それとも、誤読・難読まで含めての暗号的な遊びなのか、ここは丸文字より複雑なところです。丸文字は、個々の字の大きさ・エリアは均一でしたが、ギャル文字は、幅が1〜2倍（3倍も）でまちまちです。あるいは、この伝達面での問題点（何度使っても自分たち自身読みにくいこと）が、廃れた原因の一つなのかもしれません。

参考
http://www1.kcn.ne.jp/~ssumika/girl/galmoji.html
http://ja.org/wikipedia.org/wiki/ギャル文字
http://ギャル文字メイク.7ark.net/list1.html

❻ 見えない字体変化をあぶり出す

　漢字、カタカナの基本点画として、まず／点／、／ヨコ／、／タテ／が認められますが、すでに触れたように、／点／といっても、実現に際しては短い線とならざるを得ません。筆ならば、墨を含んだ穂を置けば、それで[ヽ]となりますが、現代においては、手書きの筆記用具はボールペン、シャープペンなどですから、紙に押しつけただけでは、点が打たれたといっても、ほんとに小さな［・］でしかなく、字体の構成要素の実現形とは言いがたいものです。どうしても短い線を書かないわけにはいきません。このことは、／点／と／ヨコ／あるいは／タテ／が、区別に働いていない場合が存在することにつながります。「常用漢字表」の字体解説にも、「筆写の楷書では、いろいろな書き方があるもの」として、同じ字の筆画が、点、短い棒、ハライで書かれることを認めています。以下にその一部を掲げます。たとえば、「言」や言ベンの1画め、「風」の3画めなど。

```
風 － 風 風        比 － 比 比
仰 － 仰 仰
糸 － 糸 糸   ネ － ネ ネ   ネ － ネ ネ
主 － 主 主        言 － 言 言 言
年 － 年 年 年
```

「改訂常用漢字表」字体についての解説より

　また、これもすでに述べましたが、ハネの有無は、原則として字と字との区別に働いていません。ハネのある縦棒とない縦棒とが実現形にはありますが、字体のレベルでは／タテ／でいいと私は考えています。難しいのは、／ハライ／なのか、／ナナメ／なのかというケースです。私は、／ノの字／を基本点画として認める立場で話を進めてきましたが、これは／左ハライ／と呼んでもかまいません。現在のカタカナにおいては、／右ハライ／が存在しないので、単に／ハライ／でもよいのですが、漢字の場合は、／右ハライ／もあり、また、払わない右下への斜めもあります。／右ハライ／と／右ナナメ／とで別字となるものがないなら、一つにまとめて／右ナナメ／とできるかもしれません。しかし、／ノの字（左ハライ）／は、右斜め上へ撥ね上げる点画（「ン」「シ」、ニスイ、サンズイなど）がありますから、／左ナナメ／とはできません。

　さて、第2章では、カタカナのかたちが整備され、多くのカタカナが／ノの字（左ハライ）／を共有していることを指摘しました。以下、この基本点画／ノの字／について、その出自をたどってみたいと思います。

／ノの字／は何から

　第2章でも触れましたが、たとえば、「ア」は「阿」の最初の2画（ただし、1画めは「フ」のようなかたち）でしたから、2画めは／タテ／だったことになります。しかし、今、ただの縦棒を書いたのでは、「ア」としては認めづらいでしょう。つまり、／タテ／は、どの時点かで／ノの字／に変化したわけです。このように、歴史的な視点から現在の／ノの字／を眺めると、大きく三つのタイプに分けられることがわかります。

　一つは、「ア」の第2画のように、元は／タテ／だったもの。「サ」（←「散」）、「ラ」（←「良」）、「チ」（←「千」）の最終画、「ル」（←「流」）の第1画。「ケ」（←「介」）の最終画も、古く／タテ／の段階があったようです。「リ」（←「利」）の2画めは／タテ／から／タテ＋ノの字／とすべきでしょうか、ここに入れておきます。

　二つめは、／点／→／ノの字／と変化したもの。「ツ」（←「州」）、「ヲ」（←「乎」）の最終画。「ツ」の字源については諸説ありますが、本書では、「州」の点三つに遡れるととらえます。

　三つめは、もともと／ノの字／だったもの。「ノ」（←「乃」）、「イ」（←「伊」）、「ク」（←「久」）、「ケ」（←「介」）、「タ」（←「多」）、「チ」（←「千」）、「ハ」（←「八」）、「メ」（←「女」）の第1画、「オ」（←「於」ただし左半分は[オ]）、「ホ」（←「保」）の3画め。「カ」（←「加」）、「ナ」（←「奈」）、「テ」（←「天」）、「ソ」（←「曽」）。

　／ノの字／と関連するものとして、「フ」があります。「フ」は、もともと／ヨコ＋続けて＋ノの字／で／ノの字／が含まれていましたが、「ワ」（←「和」）、「ウ」（←「宇」）の最終画は、変形して／ノの字／となったものです。

　こうして見ると、／ノの字／は、第1画か最終画に集中してい

ることがわかります。もともと／ノの字／でなかったものが変化して／ノの字／になったものは、すべて最終画である点が注目されます。これは、次の字の第1画へのつながりから生じたものと思われます。

　／点／が次へ伸びて／ノの字／になっていったケースを考えてみると、／点／であるのに次の点画を意識して払ってしまったのが始まりですから、その時点では、書かれたものが「ノ」の字のように見えても、字体としては／点／であったと考えるべきでしょう。前に述べたように、このつながりのために伸びた（払った）部分はワタリなのです。

　／タテ／だったものが変化して／ノの字／になったもの、これも次の字へのつながりです。漢字や仮名は、原則として、左上から書き始めます。書き終えた字の最終部分は右の方であることが多いので、次の字の起筆部分（書き始め）へつなげようとすれば、おおむね、左へ払うことになります。

　つまり、これらは字を書いていく流れの中で生じたものです。しかし、少なくとも、現代人にとっては、／ノの字／は／ノの字／であって、元は／点／だった、／タテ／だったという意識はありません。どこかの時点で、／点／→／ノの字／、／タテ／→／ノの字／という質の転換が生じたと考えなければなりません。

　最終画を左下へ払うのは、本来は必須ではなく、そう書いてもいいというような実現形レベルの事象だったはずです。しかし、／点／＋ワタリではなく、／ノの字（左ハライ）／に変質してしまえば、その点画はきちんと払わなければなりません。歴史的には、／点／→／点／＋ワタリ→／ノの字／というプロセスでとらえられます。その「払ってある筆画」が、まだ／点／＋ワタリ段階なのか、すでに／ノの字／になっているのか、それ

を見極めることはかなり難しいと言えます。

　「ツ」の最終画は、／点／→／ノの字／の例ですが、「ウ」も似ています。これらは、本来、平べったいかたちだったのですが、次の字へのつながりのために最終画が左下へ払われ、伸びてきました。やや似た例としては「ヲ」が挙げられるでしょう。これも、最終画が伸びて長くなっています。

　／タテ／→／ノの字／の場合には、初期段階では、しっかりと縦を引いて、その後に払っていた。それが、面倒だから、縦を十分に引かないうちに払うようになっていったと考えられます。／タテ／→／タテ／＋ワタリ→／ノの字／のように。

　最終画が／ノの字／に変質し、統合していくというのは、カタカナ字体の整備です。共通の点画を用いて、カタカナらしい字体に整備されていったのです。具体的には、最終画の多くが、／ノの字／で統一されました。まだ／点／＋ワタリの段階なのか、もう／ノの字／と認定していいのか、その変化・変質を確認する方法はないでしょうか。私は、字のエリアを手掛かりにできるのではないかと考えています。

エリアを手がかりに

　字のエリアとは何か。字を一字書くと、そこには書かれた字の広がりが生まれます。これを字のエリアと呼びたいと思います。字は、列を成して用いられるのが普通ですから、複数の字が並ぶと、それぞれの字のエリアが並ぶことになります。かつて、ひらがなは「連綿」といって、縦につなげて書かれるのが普通でした。エリアとエリアとが接し、場合によっては、重なることもありました。重なるとは、どこまでが前の字で、どこからが次の字か不分明なほど接近し、続けて書かれるケースで

す。これに対して、カタカナは、原則として連綿では書かれません。

カタカナの字のエリアを□で表すと、ワタリというのは、前の字が終わって次の字へ、というところに生じるのですから、右図の左のようになるはずです。しかし、最終画が、／点／＋ワタリではなく、／ハライ／に変質してしまえば、そこまでがその字のエリアとなり、図の右のようになるはずです。つまり、／点／＋ワタリなのか、／ハライ／なのかの違いは、エリア（□）がどこまでなのかを明らかにできればわかるということです。

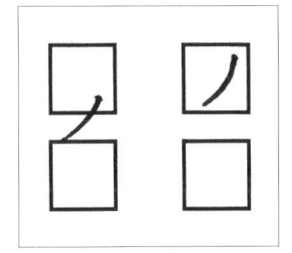

あるカタカナがあって、その最終画は払っている、その字のエリアはどこまでなのか、払っている筆画は、エリアの外にはみ出ているのか、エリアの内なのか。エリアを表示する目印はないのでしょうか。現代は、原稿用紙に一字一字書かれます。この原稿用紙の一マスの内側に、それぞれの字のエリアがあると考えていいと思います。マスからはみ出しているなら、字のエリアの外にあることなります。しかし、13世紀のカタカナは、原稿用紙のようなマスのある紙には書かれていません。何を基準にすればいいのでしょう。

エリアの隅に差される点

そこで、注目したいのは、「声点（しょうてん）」です。

「声点」というのは、字のエリアの四隅（六か所の方式もあります）に差された点で、その字が表す音の高低を示す符号です。これはもともと漢字に付されたものでした。中国語は、漢字一字一

字が語に相当し、その一字が表す音が、高い平らな調子だったり、高から低へ下がる調子だったりして、それによって意味が区別されるしくみになっています。その調子（「声調」）を点で示すのが声点です。声点は日本語でも用いられました。日本語の単語は、仮名で2文字とか3文字とかで書かれますが、たとえば、現代の京都アクセントなら、「人（ヒト）」は、「ヒが高く、トが低い」という高低で発音されます。この高低を、仮名のエリアの四隅の点で示すわけです。

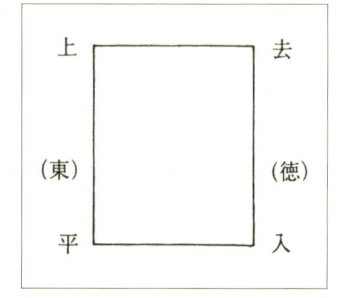

　日本語では、仮名2文字なら2拍、3文字なら3拍というように、音のまとまりの単位＝単語の長さの単位を「拍」と言いますから、今の「人（ヒト）」の場合、「1拍めのヒが高、2拍めのトが低」となります。このヒが高いことを示すために差されたのが「上声点」（エリアの左上隅、上の図の「上」の位置）、トが低いことを示すために差されたのが「平声点」（エリアの左下隅、同図の「平」の位置）です。現在は、「声点」でアクセントを表示することがありませんが、平安時代・鎌倉時代には、用いられていたことがわかっています。13世紀に書かれた『観智院本類聚名義抄』という書物（後述）には、右のような例（仏上4裏）があります。つまり、カタカナのかたちが変化して（整備されて）きた12世紀から13世紀ごろ、ちょうど、この声点というものが用いられていたのです。（以下、『観智院本類聚名義抄』は『天理図書館善本叢書類聚名義抄観智院本』八木書店1976による）

　字のエリアを四角形で表すと、高い拍を示す「上声点」は左

上隅、低い拍を示す「平声点」は左下隅に差されます。学生にカタカナを書いてもらい、左下隅に点を打ってもらうと、次のようになりました。

「ウ」「ツ」「フ」を拡大するとこうです。

　現代では、先に述べたように／ノの字／を共有していますから、「ウ」「ツ」も「フ」「ソ」「ワ」も、皆、同じような位置、最終画を払った左あたりが、エリアの左下隅になります。

　しかし、もともと点だったものが／ノの字／になったり、短かったものが伸びて／ノの字／になったりしたものは、エリアが変化したはずです。

　右に、まだ、平べったい「ウ」や「ツ」の書かれている『図書寮本類聚名義抄』（ずしょりょうぼんるいじゅみょうぎしょう）という書物（後述）の例を挙げてみました。「ツ」はまだ

『図書寮本類聚名義抄本文影印・解説索引』（勉誠社1976）

❻ 見えない字体変化をあぶり出す　75

／横に3点／です。「ウ」は現代のかたちに似ていますが、ウ冠と次の字へのワタリと見て取れます。

問題になるのは、こうした「ウ」や「ツ」の最終画が伸びてくる時代です。第3画のハライが、次へのワタリなのか、それともすでに／ノの字／になっているのか。ワタリなら、エリアに変化はなく、ワタリはエリアの外であり、／ノの字／になっているなら、エリアが縦長くなっているはずです。

第3画のハライが、もう次の字へのワタリでなく、現代と同じように払うことが必須になっていたなら、エリアは下へ拡大し、平声点の位置は現代と同じように、「ウ」の第2画、「ツ」の第1画から離れて、下に下がるはずです。

「ツ」を例にとるなら、第3画が、／点／＋ワタリから／ノの字／へ変化していく時代、差された平声点の位置が、上の方なら、まだ／点／＋ワタリ、下へ下がってくれば、すでに／ノの字／であるとわかるというのが私の考えです。

言い換えるなら、字形（実現形）の変化が先行し、それを字体の変化が追いかけるのです。単純化して示せば、以下のようであるはずです。

字体	／横点三つ／	→	／横点二つ＋ノの字／
字形	・・・	→	ツ
平声点	第1画の下	→	第3画の先あたり

では、このことが実際に13世紀ごろの資料によって確認できるでしょうか。具体的に探ってみましょう。

上過ぎる平声点

最も時期的にふさわしい文献として、先に「ヒト」の例で用

いた『観智院本類聚名義抄』が挙げられます。『類聚名義抄』という書物は、今でいうと漢字辞典のようなもので、漢字を挙げて、その読み（和訓）をしかるべき文献から集めてきて、まとめたものです。『図書寮本類聚名義抄』は1200年ごろの書写、『観智院本類聚名義抄』は13世紀半ばから後半の書写で、両者とも数多くのカタカナ（和訓）に声点が差されています（つまり語のアクセントが示されています）。右に、『観智院本類聚名義抄』から、「ツ」に上声点の差された例（「爪　ツメ　上上」僧中4裏）と、平声点の差された例（「椿　ツハキ　平上平」仏下本43裏）を掲げます。

　「爪」の「ツ」の点は上声点です。これは何の問題もありません。注目されるのは、「椿」の「ツ」に差された点です。この点は、上声点でなく平声点のはずなのです。「ツ」のかたちは現代の「ツ」とまったく同じように第3画がしっかり払ってあるのに、この平声点は第1画のすぐ左下に差されています。現代人の感覚では、「上過ぎる、もっと下でないと」と感じるはずです。とても、エリアの左下隅の位置とは考えられません。

　これはどう考えればいいのか。位置を間違えたのではない（「四隅ではない中間の位置の点」も考慮する必要はない）とするなら、次のように考えられます。

　　A説…第3画は／ノの字／に見えるが、実は依然／点／＋ワタリである。『図書寮本類聚名義抄』と同じ段階。

　『観智院本類聚名義抄』の「ツ」は、『図書寮本類聚名義抄』の「ツ」と違い、第3画はしっかりと払ってあります。もともと「ノ」の字だった「フ」などとまったく同じように書かれています。ですから、A説は採りにくいです。ここで挙げた例だ

けでは、A説を完全に否定することもできないのですが、実は、『観智院本類聚名義抄』には、右の例（「仁」仏上4裏）の「ツ」ように、下の方に差された平声点の例も少しあるので、やはりA説は成立しづらいと考えられます。私は次のように考えています。

　『観智院本類聚名義抄』には、元になった本（依拠本）があったようです。それは『図書寮本類聚名義抄』そのものではなかったのですが、『図書寮本類聚名義抄』同様、「ツ」の字体がまだ／点を横に三つ／の時代に書かれ、声点の差されたものであった。つまり、「ツ」のエリアが平べったく、平声点は、第1画のすぐ下あたりに差されていた。しかし、『観智院本類聚名義抄』の筆写者（そして声点を差した人（加点者））は、すでに／横2点＋右に＋ノの字／であった。平声点を差す位置は、エリアの左下隅だから、元の本よりも下に下げて差さなければならないと感じて差した（これが下がった平声点）。しかし、徹底できず、元の本と同じように第1画のすぐ下あたりに差してしまったものもかなりあった（先の「椿」など）。

　もし、『観智院本類聚名義抄』の加点者が、平声点がエリアの左下隅であるということを理解していなかったなら、すべて第1画のすぐ下あたり（元の本と同じ）に差したはずです。しかし、下の方に下げたものもあるということは、一応、左下隅ということを理解していたのだと思われます。

　ただし、『図書寮本類聚名義抄』の「ウ」のような場合、第2画のすぐ下と、第3画の払った先とは、似たような位置になります。第2画の下に差した平声点を、ワタリの先端に差したものととらえたとすると、第3画が／ノの字／となってしまっている転写者（ここでは『観智院本類聚名義抄』の書写者）にとっては、／

ノの字／の先あたりに差してあると見えます。元の本では、すべて左下隅に差してあるのに、ある点は第2画のすぐ下、ある点は／ノの字／の先ととらえてしまい、自分で書いた「ツ」では、上の方になったり、下の方になったりしてしまった。こう考えると、エリアの左下隅を理解していない者が書写しても、平声点の上下のゆれは生じることになります。また、もともと／ノの字／だった字の場合、払った先までエリアだったわけですから、左下隅は現代と変わりません。事実、上のように、「フ」の平声点は、ほとんどが払った先あたりに差されています（「太」仏下末17表）。同じハライなのに、字によって点の位置が違っていると見えた加点者が、別の字の点の位置に引かれた（そろえようとした）可能性も考えられます。

　また、加点者と本文を書写した人が別人で、加点者の方が古い字体の持ち主だったとしたら、本文がしっかり払ってあっても、ワタリと扱って上の方に平声点を差すかもしれません。その場合でも、下の方に差したのをどう考えるかが問題になりますが。

　いずれであるかは、全体の声点の精度によって決着するはずですが、本書とは別の課題になるので、ここまでにします。

字体の変化は見えたのか

　以上までをもう一度まとめると、次のようになります。

　『観智院本類聚名義抄』の書写は、1250年より少し後だと推定されます。その依拠した本の書写は、おそらく『図書寮本類聚名義抄』とほぼ同じころに書かれたものだったのではないかと想像されます。依拠した本が書かれた時期と『観智院本類聚名

義抄』を書写した時期との間に、カタカナの変化（「ツ」「ウ」の第3画が伸びて、点からハライへ）が進行した。依拠本の「ツ」「ウ」のエリアの左下隅は、「ツ」は第1画、「ウ」は第2画のすぐ下のはずです。それを、すでに第3画がハライとなった人が転写し（加点し）た場合、左下隅を理解している人物なら、依拠本の平声点の位置は「上過ぎる」と感じるはずです。その転写者は、自分としては、「上過ぎる」平声点を「下に下げて」差した。しかし、それがあまり徹底されておらず、依拠本と同じように上の方のままに写してしまった。あるいは、平声点は左下隅という位置を十分に理解していない加点者だったかもしれない。あるいは、加点者の方が古い字体の持ち主だったかもしれない。

　これが、私の考えたことです。つまり、現存の『観智院本類聚名義抄』の平声点から、直接に実現形と字体とのズレを確認することはできませんでしたが、『観智院本類聚名義抄』の平声点の位置のゆれは、依拠した本の段階で、「ツ」のエリアが縦に短かった（平べったかった）ことの証であることは間違いありません。「ツ」のハライと、「フ」のハライとは、性質の異なるものだったのです。いくつか、考えなければならない点がありますが、おおよそ、私はこのように考えています。もっとはっきりと字形の変化と字体の変化とのズレが見える資料、声点でそれを明らかにできる資料があればなあと思っています。

もう一言

　これに類似したことが、ひらがなの「ふ」の上声点でも言えるのではないかと考えています。直前のひらがなと連綿で（一筆書きのように続けて）書かれた「ふ」の始まりがどこからか、それを上声点の差された位置から推定する。白鳥の首のように長

く「ふ」の字が書かれているのか、そう見えるのは、前からのワタリであって、「ふ」は平べったいのか。調査はこれからです。

7 漢字はなぜこんなに複雑なかたちなのか

　これまで、主に仮名について述べてきましたが、漢字の字体は、どうなっているのでしょう。仮名も漢字も、字体・字形・書体の関係は同じです。どこが異なるのかというと、何といっても漢字は仮名よりかたちが複雑だということでしょう。なぜ漢字は複雑なのでしょう。

　それは、第2章で触れたように、漢字という文字が意味を表すために、グループを作る要素をたくさん準備しておかねばならないからです。つまり漢字は、要素である一つ一つの字の数が圧倒的に多いからです。

　たとえば、今から新しい符号を考案することを想像してみましょう。30個作るためには、30個を区別しなければなりません。10000個作るには、10000個を区別しなければなりません。10000個を区別しようとすれば、一つ一つの符号は複雑にならざるを得ません。たとえば、／タテ／、／ヨコ／、／点／の三つの基本点画があれば、字体は7個（それぞれの点画を用いるか否かで2×2×2。全部用いない1を除くと8−1＝7）。これは三つの点画の位置関係を問題にしていない数です。位置を問題にするなら、上下左

右を考えるだけで、以下のように39個の異なる符号を作ることができます。／タテ／と／ヨコ／とを交差させればもっと増えます。(「右に」「下に」は、位置を表す要素)

 点画一つ ／タテ／、／ヨコ／([一])、／点／([丶])
 点画二つ ／タテ＋右に＋ヨコ／、／タテ＋右に＋点／([ト])
     ／ヨコ＋右に＋タテ／、／ヨコ＋右に＋点／
     ／点＋右に＋タテ／、／点＋右に＋ヨコ／
     ／タテ＋下に＋ヨコ／、／タテ＋下に＋点／
     ／ヨコ＋下に＋タテ／、／ヨコ＋下に＋点／
     ／点＋下に＋タテ／、／点＋下に＋ヨコ／
 点画三つ ／タテ＋右に＋ヨコ＋右に＋点／、
     ／タテ＋右に＋点＋右に＋ヨコ／、
     ／タテ＋右に＋ヨコ＋下に＋点／、
     ／タテ＋右に＋点＋下に＋ヨコ／(≒[上])、
     ／ヨコ＋右に＋タテ＋右に＋点／、
     ／ヨコ＋右に＋点＋右に＋タテ／、
     ／ヨコ＋右に＋タテ＋下に＋点／、
     ／ヨコ＋右に＋点＋下に＋タテ／、
     ／点＋右に＋タテ＋右に＋ヨコ／、
     ／点＋右に＋ヨコ＋右に＋タテ／、
     ／点＋右に＋タテ＋下に＋ヨコ／、
     ／点＋右に＋ヨコ＋下に＋タテ／、
     ／タテ＋下に＋ヨコ＋右に＋点／、
     ／タテ＋下に＋点＋右に＋ヨコ／、
     ／タテ＋下に＋ヨコ＋下に＋点／、
     ／タテ＋下に＋点＋下に＋ヨコ／、

／ヨコ＋下に＋タテ＋右に＋点／（≒［下］）、
　　　／ヨコ＋下に＋点＋右に＋タテ／、
　　　／ヨコ＋下に＋タテ＋下に＋点／、
　　　／ヨコ＋下に＋点＋下に＋タテ／、
　　　／点＋下に＋タテ＋右に＋ヨコ／、
　　　／点＋下に＋ヨコ＋右に＋タテ／、
　　　／点＋下に＋タテ＋下に＋ヨコ／、
　　　／点＋下に＋ヨコ＋下に＋タテ／

　／タテ／、／ヨコ／、／点／の三つだけで作った符号は、最も複雑なものでも、／タテ／と／ヨコ／と／点／を一つずつしか使っていません。実に簡単な図形のセットです。しかし、10000個だとそうはいきません。／タテ／、／ヨコ／、／点／の三つで10000個の符号を作るとなると、当然、／タテ／を何本、／ヨコ／を何本、／点／を何個と、用いることになります。しかも、字とはおおよそ均等なエリアを持つものですから、／タテ／を縦に、／ヨコ／を横に、何本も並べたのでは、とても一つの字とは言えません。かといって、限られたエリアにあまり多くの／タテ／や／ヨコ／を詰めて並べるのも疑問です。長さや傾きに変化をつけることも可能ですが、出来上がった字のかたちの違いがあまりに微妙では、互いの区別がはっきりしません。第3章で取り上げたことは、左右が逆になっているだけの記号は区別しづらいということでもあります。先ほどの39種類の組み合わせに当たる漢字が少ないことの原因の一つだと言えます。ともかく、はっきりと区別可能な基本点画をもうすこし用意しないといけないことは確かです。
　何とか10000個を区別する文字の集合が作れたとしましょ

う。どうしても、その中に複雑なかたちのものができてしまうのはしかたのないことだとおわかりいただけるはずです。実際には、漢字は純粋に図形的な区別だけを考えて作りだされた記号ではないので、さらに複雑になっています。

日本人が日常出くわす漢字だけでも約3000字と言われています。諸橋轍次『大漢和字典』(大修館書店) の親字は約50000字です。そして複雑なかたちの漢字が数多く収められています。画数が30画以上の漢字もあります。ふりかえると、小学校で習う漢字でも20画の漢字があります。こんなに複雑なものを身につけ、よく使えるものだと我ながら (漢字を用いる者として) 感心します。このような文字のグループが存在しているだけでも考えてみれば不思議です。

漢字のうまいしくみ

実は、漢字はこのことをクリアするために、うまいしくみになっています。それは、字体を構成する「部品」の存在です。漢字の複雑な字体は、基本点画から直接字体が構成されるのではなく、中間に部品が存在しています。いくつかの基本点画は組み合わさって部品となり、その部品がいくつか組み合わさって一字の字体となります。すでにお話ししたように、基本点画を、50も100も準備することは不可能です。できるだけ区別のはっきりした基本点画をいくつか準備する。しかしそのままでは数万の字体を作ることは困難ですから、基本点画を組み合わせた部品を作る。部品なら数百くらいは準備可能です。その数百の部品を組み合わせれば数万の字体に対応可能だというしくみです。

このしくみは、ちょうど、いくつかの母音と子音とを組み合

わせて音節（シラブル）を作り、音節を組み合わせて意味に対応する単語を作り出す言語の構造（「二重分節性」）に類似しています。日本語は、5つの母音と13個の子音でほぼすべてができています。わずか20個程度の音のもとでできているのです。視点を変えると、日本語は、文は無限、その文は数十万の単語からなり、その単語は／ka／とか／mi／とか／syu／とかの100個程度の拍（日本語の子音と母音の組み合わせは「拍」と言います）からなり、拍は20個程度の音のもと（「音素」と言います）からできているということです。

　漢字のしくみは、これによく似ているのです。

　この字体を構成する部品は、ほぼ「偏旁冠脚」と言われるものに当たるのですが、実際には、単純な部品と、それが組み合わさった複雑な部品とがあり、一つの漢字の字体の構造は、三重、四重になっているものもありますから、偏旁冠脚は、直接字体を構成する大きな部品です。

　たとえば、魚ヘンの漢字は／魚の字／と何かとの組み合わせですが、／魚の字／は、／カタカナのク／と／田の字／と／横に点四つ（レッカ・レンガ）／に分解できます。／カタカナのク／、／田の字／、／横に点四つ／は、さらに／タテ／、／ヨコ／、／点／、／カギ／といった基本点画に分解できます。

　基本点画が組み合わさって単純な部品となり、単純な部品が組み合わさって複雑な部品となります。これが字体を直接構成する偏旁冠脚です。○ヘン、△カンムリなどと呼ばれているものがほぼそれに当たります。

　仮に、部品が100個あったとして（単純な部品だけで100個も可能だと思います）、そこからいくつか選んで一字の字体を作るとするなら（同じ部品を選んでも可とする、位置は問題にしないとして）、

1個選ぶ	100個
2個選ぶ	100×100 = 10000個
3個選ぶ	100×100×100 = 1000000個

　理論上は莫大な数となります。実際には、そうした組み合わせのすべてがそろっている訳ではありません。しかしその一方、部品は数え方にもよりますが600〜700個くらいは認められるとも言われています(張静賢・松岡榮志監訳1997『現代中国漢字学講義』三省堂)。部品が700個準備されているなら、そこから2個選ぶだけでも約50万個。つまり、漢字の字体の可能性は数限りなく、無限と言っていいくらいです。

　無限とも言える字体は、数百程度の部品からできていて、さらにその部品は十数個程度の基本点画からできているのですから、果てしないことのように思われる漢字のかたちの習得(数万の漢字の字体を記憶すること)は、実は、十数個の基本点画からなる数百個の部品とその組み合わせをマスターすればよいのです。

　たとえば、『大漢和辞典』で最も画数の多い漢字は64画です。常用漢字中、飛びぬけて画数の多い「鬱」でも29画ですから、64画というといったいどんな漢字なんだろう、とても書けそうにないと思われるに違いありません。しかし、64画の漢字は、2字あって、「龍」を四つ書く字と「興」を四つ書く字です。最近、よく取り上げられるようになった世界一画数の多い漢字はなんと84画ですが、「雲」三つと「龍」三つを一つにした漢字です。つまり、これらは、「龍」、「興」、「雲」が書ければ書けるということです。「鬱」の方が難しいかもしれません。画数の多い漢字でも部品が書ければ書けるのです。「鬱」だって、七つか八つの部品にバラせば、何とかなります。話は横道に反れますが、難しい漢字というのは、画数の多い字ではなく、珍しい部品か

ら出来ている字だと私は考えています。たとえば、「虐」は10画ですが、20画の「競」より難しいと思いませんか（→第3章）。

話を戻します。

　数少ない基本点画→それを組み合わせた数百程度の部品→
　それを組み合わせた字体

この構造によって、無限の字体が準備でき、また、それを記憶して用いることができるのです。私たちは、漢字の字体を「○ヘンに△」とか、「◇カンムリに□」などと学習し、記憶していますが、まさにこれです。「○ヘンに△」というのは、／○＋右に＋△／という字体と同じ意味です。部品／○／、／△／は、それぞれさらに単純な部品、さらには基本点画の組み合わせから出来ているのです。

無限に対応可能というのはすばらしいシステムです。たとえば、新しい元素が発見されると、中国ではその元素を表す新しい漢字が決定（創作）されるそうです。そんなことが可能なのは、漢字がこういうしくみだからなのです。

中国から移入した漢字のすばらしさに気づいた日本人は、その構造を真似て、和製の漢字を創作してきました。これを「国字」と呼びます。私たちに馴染みの漢字の中にも「峠」「榊」「匂」「鰯」などの国字があります。僭越にも（？）日本において漢字が創作可能なのも、先の漢字の構造のお蔭です。これからも新しい漢字を作り出すことは可能です。つまり、漢字という文字のグループの要素数（字の数）はまだ確定していないのです。極端な話をするなら、『大漢和』の50000字のすべてに草冠を付け足すことを想像してみましょう。すでに草冠のある字は除いておきましょうか。これは可能です。字体は無限なのです。これを、「漢字（の字体）は閉じていない」と呼ぶことにしましょう。

⑧ 人と人ベン
偏旁冠脚のかたち

　「漢字の字体は部品の組み合わせからなる」と述べてきました。一番大きい部品は、偏旁冠脚です。確認しますと、字のエリアの左に位置するのが「偏（ヘン）」、右が「旁（ボウ、つくり）」、上が「冠（カン、かんむり）」、下が「脚（キャク、あし）」です。上に位置するものは、「頭（かしら）」と呼ばれる場合もあります。他にも、左と下が「繞（ニョウ）」、上と左が「垂れ」、三方以上周りを囲むのが「構え」です。

　部品を、偏旁冠脚の情報を含む名（○ヘン、□カンムリ等）で呼ぶと、部品のかたちと位置と情報を同時に表すことができ、非常に便利です。しかし、ある一字の部品を、一々「偏は○で、旁は□」などということは稀で、「○ヘンに□」で十分です。これは、左を示せば、残りは右に決まっているから、言う必要がないから言わないととらえることもできますが、広く見渡すと、字体を構成する部品という発想よりも、漢字をグループ分けする「部首」というとらえ方が優位に働いていることの表れだと思われます。つまり、「○ヘン」「○カンムリ」など、部首の中核をなす義符（意符とも。漢字の部品のうち意味を表すもの）の

呼称だけが用いられており、かたちの説明よりも、どの部首に所属しているかの表明の色合いが濃くなっています。

　たとえば、「口」については、

> 「口ヘン」に「及」　←→　「吸」

のように用いますが、確かに部首「口」に属する漢字の大半が義符としての「口」をヘンとして成り立っています。右の位置に「口」が来る字は「和」くらいです。よって、部品「口」の呼称としては、「口ヘン」と「口（くち）」があるだけで、「口カンムリ」「口アシ（あるいは下口）」「口ヅクリ」という語・言い方は存在していないようです。

> 「口（くち）」の下に「巾」　　←→　「吊」
> 「禾ヘン」に「口」　　　　　←→　「和」
> （「口ヘン」に「禾」が本来と考えるべきかも）
> 「口」の下に「王」　　　　　←→　「呈」

　かたちの把握としては、義符か音符（声符とも。漢字の部品のうち音を表すもの）か、部首かどうかなど問題にせず、以下でも許されていいはずだと私は思います。

> ヘンは「禾」、ツクリは「口」　←→　「和」
> ヘンは「力」、ツクリは「口」　←→　「加」

　ただし、こんなことばをわざわざ使う意味はなく、

> （左に）「禾」、右に「口」
> （左に）「力」、右に「口」

で十分ですから、位置表示のために「ヘン」「ツクリ」等を使い

ましょうと言うつもりはありません。また、「只」「兄」のように、エリアのかなりのスペースを占めているものを、カンムリとかカシラとか呼ぶのは、違和感がありますし。

ここでは、「ヘン」「ツクリ」「カンムリ」「アシ」等が使われた場合、位置の情報も含んでいるということにとどめたいと思います。

「木」と木ヘン、「人」と人ベン

さて、本題に入ります。すでに第0章で述べたように、部品「口」は、エリアのどの位置を占めるかによって、小さくなったり、縦長、横長になったりします。当然のことながら、単独の「口」よりも皆小さくなり、さまざまな大きさになって実現します。しかし、それでも、「口」のかたちの本質である「四角形（菱形でなく長方形）」は保持されています。すべての部品「口」は、／四角形／に基づいて実現していると言えます。／口の字／あるいは／カタカナのロ／などと表すことができます。同様のことは、／日の字／、／山の字／、／石の字／、／弓の字／など、多くの部品（偏旁冠脚）についても言えます。

ところが、すでに気にかかっていた人もいると思いますが、／木の字／は、ヘン（左）になると、最後の1画がハライでなく点になります。／土の字／は3画めを右斜め上へ撥ねるようにします。サンズイは「水」がヘンになったものと教わりますが、かたちがまったく異なっています。これらをどうとらえるのか。同一字体、すなわち、／木の字／や／水の字／でいいのでしょうか。

ヘンを例に考えてみましょう。

ヘンは、左半分（あるいは半分以下）ですから、単独の場合より

も幅を狭くしなければなりません。幅が狭くなっただけの部品なら、基となるかたち＝字体が変わったと考える必要はありません。これは、納得できるでしょう。しかし、若干、あるいは相当、あるいはまったく、かたちが変わる部品があります。かたちが変わるものを分類しつつ、私見を述べたいと思います。

　まず、前提として、習得し、理想形だと思っている漢字のかたちは、楷書（それに基づく教科書体）です。筆と墨とで書かれる中で成立した書体ですから、筆で書かれる特徴を持っています。「土」や「女」などの最後の1画が、次の右へつながるように、棒ではなく撥ねるように書かれるのは楷書という書体の特徴だと言えます。こうした、楷書の書体としての特徴の表れとしての変形は、いわば表面的な変形であって、基＝字体が変わったととらえる必要はないと考えられます。

　そうすると、「木」や「火」などの、左へ払う、右へ払うは、楷書の特徴だと言えます。スペースが十分にあるから右へ払っていたものが、スペースがなくなったために払えず、止めた（点になった）とすれば、これも、表面的な変形だと言えます。「羊」「辛」がヘンのとき、最後の縦画を払うのも同じでしょう。

　こうした字体のレベルではないと処理できる変形は、音声・音韻でいう「異音」に似たものです。「異音」というのは、同じ音だと思っているのに、実際には、少し違った音である場合に言います。たとえば、「サンマ」「サンタ」「参加」を発音してみます。普通に発音した場合ですが、よく観察してみると「サンマ」の「ン」、「サンタ」の「ン」、「参加」の「ン」は、それぞれ口の違った場所で作っているとわかります。「サンマ」の「ン」は唇を閉じて発音しています。「サンタ」の「ン」は舌先が歯に当たっています。「参加」の「ン」は、口の奥で作って

いる音なので、指を口に入れても発音できます（前の二つの「ン」は無理）。このように違った音（音声）であっても、私たちは一つの音、同じ音だと思っています。これが「異音」です。そして、これは、次にどんな音が続くかによって姿を変えていると説明できます。次に唇を閉じる音が来るから、唇を閉じた「ン」（[m]）となる、というように。

　ならば、同様に、／木の字／は、左に位置する場合、右半分が短くなる＝ハライではなく点になると考えていい。このように、ある場所に来るとそれにふさわしいかたちに変わることを、音声・音韻では、「条件異音」と言います。「木ヘン」のかたちは、条件異音に当たるわけです。仮に「条件異字形」と呼ぶことにしましょう。「牛」と「牛ヘン」もこれに含められると思います。「人」と「人ベン」の場合、「火」と「火ヘン」のように、左ハライ←→点で変形してもらいたいところですが、点ではなくタテになっています。かなり大きな違いですが、ここの類に入れたいと思います。「足」と「足ヘン」も変則的ですが、やはりこの類としておきます。

　では、単体と部品とでかたちが変わるものは、すべて「条件異字形」と言えるでしょうか。さらにヘンで見てみましょう。

「玉」と玉ヘン

　単体とヘンで、かたちは似ているが、筆画の画数が変わるものはどうでしょう。

　「良」は、ヘンになると画数が一つ減り、最後の2画が点一つになります。この相違を小さいと見るか大きいと見るか、人によって異なると思います。類似したものとして「食」があります。新字体では、「食」と「良」とはまったく同じパターンの変

形（単体と部品とのかたちの対応）になっています。しかし、「食ヘン」の旧字体は最後の2画が横2本ですから、画数に変更のない変形です。新字体は、「食」を「人ガシラ」と「良」ととらえ、「良」の変形を適応したものと考えられます。

　もう一つ似ているものに「衣」があります。こちらは、点一つになっていません。新字体では、「示ヘン」との区別から、2点であることが必要です。「示ヘン」が「示」のままなら、「衣ヘン」は点一つでもよかったことになりますが、行書においては、早くから、「示ヘン」に1点加えたものが「衣ヘン」という、かたちの統合と区別があったのではないかと考えます。

　「玉」は単体では点があり、「玉ヘン」では点がありません。ヘンになると点がないため、「王（おう）ヘン」と呼ばれることもあるようですが、「玉」と「王」とを区別するために「玉」に点を打ったものですから、これは、単体の方が変形していると言うべきでしょう。特殊な例です。

　「手」と「手ヘン」も、かなりかたちが異なります。横画2本の違いは「牛」と「牛ヘン」と同じ変形ととらえますから、問題は単体の第1画だと言えます。楷書「手」の字は、中指に何か載せたようなかたちで、第1画が余計だ（なくていい）と言うこともできます。右のように篆書では曲がった1本の棒だったものが、隷書を経て楷書の単体では、「ノの字」と「タテ」に分かれました。そう見て行くと、これも単体の方の事情だとわかります。

『五體字類』（西東書房1916）

「犬」とケモノヘン、「水」とサンズイ

　さらに変形が大きいものとしては、「心」と「リッシンベン」、

「犬」と「ケモノヘン」、「肉」と「肉ヅキ」、「水」と「サンズイ」があります。

これらに共通するのは、ヘンになった場合、「単体名＋ヘン」と命名されていないことです。「心ヘン」「犬ヘン」「肉ヘン」「水ヘン」と呼ばれない、とてもそうは呼べないほど、かたちが違っていることの表れだと言えます。

「心」の場合、第2画がタテになってしまったのは、幅が狭くなったことによると言えます。三つあった点が二つになったことも、1画減少する例は他にもありました。問題なのは、変形した「リッシンベン」のかたちが、「小」を縦長くしたものにそっくりだということです。点がかなり中程より上に位置すること、筆順（それに伴うタテをハネないこと）などが、「小」でないことを示しているとも言えますが、単体より別字に近いかたちになっていることは否めません。これをどう考えるか。

「犬」と「ケモノヘン」の場合、「ケモノヘン」の漢字は、犬の種類を表すものではなく、まさに「けもの」という範疇を示していますから、部首名として「ケモノヘン」はふさわしい命名です。しかし、篆書で確認すれば、両者は右のような同じかたちであり、同じものから、楷書では単体と部品とが違ったかたちになったのです。

現在の／月の字／は、もと「月」、「舟ヅキ」、「肉ヅキ」の三つが統合したものです。統合したことは、「舟ヅキ」「肉ヅキ」という呼称から明らかです。現代の漢和辞典では、「月」と「舟ヅキ」とは、「月」にまとめ、「肉ヅキ」は「肉」として分ける処理が普通だと思います。旧字体では、三者には違いがあり、第3、4画の両端が左（第1画）にも右（第2画）にも接触するのが「肉ヅキ」、左（第1画）

『五體字類』

にのみ着くのが「月」、ヨコでなく2点とし、着かないのが「舟ヅキ」としていましたが、手書きの世界では、古くから統合していたようです。

「月」「舟」「肉」は、楷書の単体で見るとかなり違っていますが、篆書で見るとかなり似ています。特に、「月」と「肉」はそっくりです。楷書の単体は、区別をはっきりさせるべく成立したと見ることもできそうです。「舟」は、[舟]と[月](舟ヅキ、「服」など)とに分かれ、別だった「月」と統合しました。「舟」と「月」は別の部品とせざるを得ません。単体の「肉」と「肉ヅキ」とのかたちの違いは、「犬」の場合と同様、単体の楷書の問題であるとしておきます。

最後に、「水」と「サンズイ」。これは、まったくかたちが違います。「水」は、単体の方が篆書に近く、「サンズイ」は極端に崩された(省略された)かたちです。草書を経ているように見えます。たとえば、「コザトヘン」は「阜」から、「オオザト」は「邑」からとされますが、「水」と「サンズイ」は、これらの関係と似ています。「シンニョウ」も「辵」の草書から生じたものです。「シンニョウ」の単体と位置づけられる「辵」はチャクという音ですから、「シンニョウ」の呼称はそれが「之」の字に似たかたちであることによることが明らかです(「チャクニョウ」とは言わない)。こうした、崩されたかたちから生じた楷書の部品は、「略字」の生成と同じプロセスです。変化の途中で、揺れているような状況ならともかく、現代において、これらまで同字体とするのは、さすがに無理でしょう。

どこまでを、同一字体の「条件異字形」とできるか。1点の省略、点画の方向の相違、あたりが限界でしょう。

字体が違っても同じ部品

　同一字でも字体の異なるものが存在しています。たとえば「沢」と「澤」、「辺」と「邊」と「邉」など。それらを、異体字と呼びます（→第10章）。同一字に複数の字体があるのですから、同一字体部分（部品）にも字体を異にするものがあって不思議はありません。わかりやすく言うなら、骨組みは異なるが同じ部品ということです。これは、基とする字体が異なることを認めているわけですから、発音（音声・音韻）で言うなら、別の音韻になります。音の上で区別されているのに働きは同じというのは、「異形態」と呼ばれるものに当たります。

　たとえば、「一本」「二本」「三本」という語があります。いずれも「〜本」という語です。「本」の部分は同じ意味を表しています。しかし、／イッポン／、／ニホン／、／サンボン／ですから、三語の「本」の部分の発音（音形）は、／ポン／、／ホン／、／ボン／で別音です。「サンマ」「サンタ」「参加」の／ン／との違いは、／ン／の方は、私たちは同じ音だと思っていますが、／ポン／、／ホン／、／ボン／の三つは別の音だとわかっています。どちらも、条件によって発音が変わっているので似ていますが、後者は、意味が同じでも別の音です。こういうものを「異形態」と呼びます。異体字や、異体の字体部品というのは、これによく似ています（犬飼隆2002『文字・表記探究法』朝倉書店）。

　部品の位置による変形は、異音レベルのものから、異形態レベルのものまで存在し、その境界線が曖昧だとまとめられるのではないでしょうか。これまでの説明でわかるように、篆書まで遡れば、同じかたちだったものが、隷書を経ることで楷書では異音レベルで処理できないほど違ったかたちになってしまい

した。篆書から隷書への大きな変化を「隷変」と言いますが、これは、筆などで手書きしやすいかたちへの変形だと考えられます。単体と部品とのかたちの違いも、そこで生じたのでしょう。崩し（草書）が関係したものもあります。それらを引き受けた楷書は、かたちを整えつつ、しかも楷書らしい書体の特徴を加えます。そのプロセスの中で、変形そして統合と新たな区別が生じてきたのです。

⑨ 「急」は足を伸ばし、汗を飛ばす
漢字字体の変化

　カタカナは漢字を省略し、その一部から生まれました。つまり、多くのカタカナは、元々は漢字の部分です。しかし、カタカナが漢字から自立して、一つの文字のグループとして認められると、漢字からカタカナが生まれたことは忘れられ、「カタカナと同じ字体の漢字がある」とか、「カタカナを組み合わせてできる漢字がある」といったとらえ方がされるようになります。漢字の一部分だったカタカナは、漢字と点画を共有しています。かたちの上で、漢字とカタカナとを区別することはなかなか困難です。私たちはカタカナをマスターしているから混乱しませんが、かたちの上では、カタカナは画数の少ない漢字と言ってもいいくらいです。事実、いくつものカタカナが漢字と同じ字体、あるいは極めてよく似た字体です（漢字の書体によっては同じかたちをしてます）。

カタカナ	エ、カ、タ、ト、ニ、ロ、オ、チ、ヌ、ハ、ヒ
漢字	工、力、夕、卜、二、口、才、千、又、八、匕

また、単体で字体となっていなくても、カタカナの多くが漢字の偏旁冠脚やそれより小さい部品と同字体です。

カタカナとカタカナの同字体の部品を持つ漢字の例

イ－伊、ウ－宇、オ－閉、ク－急、ケ－筆、サ－草、
シ－池、ソ－美、ナ－有、ヌ－綴、ネ－礼、ハ－貝、
ヒ－比、ホ－茶、マ－通、ム－牟、メ－希、ユ－候、
ヨ－雪、リ－帰、ワ－冗、ヰ－衛、ン－冷

　漢字の中には、カタカナの組み合わせだけで出来ていると言えるものも数多くあります。

名←→タロ、加←→カロ、公←→ハム、只←→ロハ、
仏←→イム、多←→タタ、台←→ムロ、佐←→イナエ、
労←→ツワカ、花←→サイヒ、保←→イロホ……

　「ノ、フ、コ」などは、さらに小さい部品あるいは基本点画と同字体ですし、「イ、シ、ネ、ン、ロ、サ、ウ、ワ」などは部首と同字体（ほぼ同字体）ですから、カタカナは漢字字体のほとんどの構成要素となっていると言えるでしょう。

　小学校では、2年生までにカタカナを学びます。大多数の漢字より、漢字から生まれたものの方を先に学習するのです。ですから、漢字を学習するとき、カタカナを利用して不思議ではありません。たとえば、「人ベン」は、／人ベン／であると同時に／カタカナのイの字／でもあります。「ウ冠」「ワ冠」など、まさにそうした把握に基づく呼称です。「多」からカタカナの「タ」が生まれたのですが、カタカナの「タ」の字を縦に二つ並

❾「急」は足を伸ばし、汗を飛ばす

べたのが漢字の「多」(／カタカナのタの字＋下に＋カタカナのタの字／)ととらえている人も多いはずです。

カタカナと漢字との重なりについては、このくらいにとどめ、ここでは、漢字の字体とバリエーション・変化について見ていきたいと思います。

「急」の字体

なぜ、カタカナの話を始めたかというと、「急」の字体について取り上げるからです。皆さんは「急」のかたちをどう把握しているでしょうか。どう覚えているでしょうか。

ことばによる字のかたちの説明を利用することにしましょう。「急」のかたちをことばで説明すると、「カタカナのクの字の下にカタカナのヨの字、その下に漢字の心」でどうでしょう。かなりの人がうなずいてくださるのではないでしょうか。私は、これが「急」の字体だと思っています。本書の書き方にすると、／カタカナのクの字＋下に＋カタカナのヨの字＋下に＋漢字の心／です。「ヨ」の部分は、真ん中のヨコが長く、「コ」の字を串刺しにして貫いているかたちもありましたが、新字体の「急」は「ヨ」になっています。

以前、大学生141人に、この「急」の字を書いてもらったことがあります。次ページがそれです。これを見ると、／カタカナのクの字＋下に＋カタカナのヨの字／までは、どれもほぼ一致しているようですが、その下が人によってずいぶん違っていることに気づきます。

❾「急」は足を伸ばし、汗を飛ばす

037、134など、いくつもの例が、私には「心」には見えず、「儿」と二つの点に見えます。いかがでしょう。私にはどうしてそう見えるのか、それは、私にとって「心」の1画めは／点／であって、／ノの字／ではないからです。「心」の1画めが／ノの字／でいい（許容できる）人にとっては、「心」の字体は／ヒトアシ（儿）＋2点／にかなり近いことになります。

　さらに062、071はどうでしょう。「儿」と2点とがかなり離れています。これらは、もはや「心」とは認められず、／ヒトアシ＋右に＋2点／でしょう。おそらく、こう書く人には、部品としての／漢字の心／は準備されていないのでしょう。客観的に分析するなら、字体の部品／漢字の心／は、／ヒトアシ／と／2点／の組み合わせに解体されたと言えそうです。そうなると、097、115など、二つの点が右上の方に位置しているタイプの理由も理解できます。それらの2点は、／濁点／と合流してしまったのです。

　「急」を形作る部品の／カタカナのク／、／カタカナのヨ／を除いた部分は、

　　タイプ1　　／漢字の心／＝／点＋右に＋曲げ＋上に＋点＋右に＋点／

　　タイプ2　　／漢字の心／＝／カタカナのノ＋右に＋曲げ＋上に＋2点／

　　タイプ3　　／ヒトアシ＋2点／

　　タイプ4　　／ヒトアシ＋濁点（右上2点）／

およそ、上記のように分類できそうです。

136、090など、いかにも急いで走っているように見えます。濁点の位置に近づいた2点は、どんどん上へ上がってきます。さしずめ飛び散る汗でしょうか。

部品の統廃合と字体の変化

このように、「急」のさまざまな字形から、その背後にある字体を明らかにすることで、それが単なるゆれ、バラエティーにとどまるのでなく、字体の変化としてとらえることができるのです。先のタイプ1〜タイプ4は、ほぼそのまま、タイプ1からタイプ4への変化の段階だと言えます。タイプ2は、あるいはタイプ1抜きに存在していた可能性がありますが、タイプ2に基づく実現形がタイプ3を生み出し、タイプ3に基づく実現形がタイプ4を生む引き金になったはずです。「急」を書いていれば、必ずタイプ3、4まで進むわけではありませんが、出現の順番はこの通りのはずです。

／2点／＝／濁点／は、本来、仮名のかたちの要素の漢字への侵入です。たとえば「科」「料」を、私などは「禾」「米」と「斗」からなると把握・習得していますが、「禾」「米」に濁点を打って十字と把握し、そのように書いている若い人をよく見かけます。

カタカナは、本来、漢字の脇に書かれ、いっしょに用いても小ぶりに書かれるものでした。それゆえ、同字体であっても大きな混乱もなく、現代まで来ました。しかし、一字一字の大きさが均等になり、漢字とカタカナの両方が並ぶような語が増加してくると、両者の字体の重なりはやはり問題です。私は、「セ

レブ力」が一瞬理解できなかった経験があります。しかし、現代は、漢字もカタカナもひらがなも、対等に電子化されていますから、分かれることで成立した文字の三つのグループは、今度は一元化されていっていると言えます。／濁点／という漢字の部品が成立したことは、文字のグループを超えた、かたちの一元化現象がさらに一歩進んだことを示しているように思われます。

　今や、漢字字体の変化は漢字だけで生じるのでなく、仮名やローマ字のかたちを合わせた中で起きるのでしょう。ギャル文字（→第5章）は、そういうことも伝えてくれようとしていたのかもしれません。

⑩ 漱石は誤字ばかり書いたのか

　日本人なら誰でも漢字の書き取り試験を受けた経験があるはずです。あなたは得意でしたか。漢字が「正しく」書けることは「国語力」の一つであるということを否定する人はまずいないでしょう。字がうまいかヘタかはともかく、間違った漢字を書いていたのでは社会人として恥ずかしい、そうほとんどの日本人は考えていると思います。漢字検定○級合格が、就職や入学の際のプラスポイントになっているという話を聞いたことがありますが、そうした意識の表れでしょう。

　では、実際にやってみましょう。次のカタカナの部分を正しい漢字に直してください。

　①夏目ソウ石　　　　　　　　（　　）
　②ソン得勘定　　　　　　　　（　　）
　③階ダンで上がる　　　　　　（　　）
　④ジョウ談を言う　　　　　　（　　）
　⑤親ルイが集まる　　　　　　（　　）
　⑥友ダチを誘う　　　　　　　（　　）
　⑦専モン家　　　　　　　　　（　　）

⑧シュク勝会　　　　　　　　（　　）
⑨アオ向けに倒れる　　　　　（　　）
⑩鶏のタマゴ　　　　　　　　（　　）

　Aさんの答案には以下のような漢字が書かれています。採点してみてください。

①夏目ソウ石　　　　　　　　（嗽）
②ソン得勘定　　　　　　　　（槓）
③階ダンで上がる　　　　　　（段）
④ジョウ談を言う　　　　　　（宂）
⑤親ルイが集まる　　　　　　（類）
⑥友ダチを誘う　　　　　　　（達）
⑦専モン家　　　　　　　　　（問）
⑧シュク勝会　　　　　　　　（祝）
⑨アオ向けに倒れる　　　　　（仰）
⑩鶏のタマゴ　　　　　　　　（卯）

　どうでしょうか。1問10点とすると、Aさんは、何点でしょう。甘く付けると20点？　いやいやよく見ると1問もあってないから0点！
　実は、この10の漢字ですが、答案とほぼ同じ字体で「坊っちゃん」の自筆原稿に書かれています（ただし「損」の「口」が「ム」、門構えが略字、示ヘンが古いかたち。本章末尾参照）。つまり、Aさんは夏目漱石その人でもあるのです。漱石は、漢字の書き取りが苦手だったのでしょうか。いや、たまたま書き損じたものを10個集めてきたからこうなったのでしょうか。

⓾漱石は誤字ばかり書いたのか

漢字が正確に書けることが「国語力」なら、漱石は（ここでの漢字については）「国語力」がないということになりますが、それでいいのでしょうか。

漱石は恥をかいたのか

　夏目漱石が名作「坊っちやん」（原稿や発表時のタイトルを尊重して「っ」「や」としています）を執筆し、雑誌『ホトトギス』に発表したのは1906年4月ですから、「坊っちやん」が書かれて100年以上経ちました。残された書簡から、「坊っちやん」は1906年3月15日ごろからわずか十日ほどで一気に書き上げられたことがわかっています。

　1970年に、その自筆原稿の複製が世に出ました（番町書房刊）。「坊っちやん」の自筆原稿がすべて残っていたというのはすごいことです。また、その複製は精巧で、本物を手にしたような気分になれます。図書館や文学館で展示されているのをご覧になった方もいらっしゃるのでは。

　近年、この原稿（複製）のカラー写真を新書判にしたものが出版されました（『直筆で読む「坊っちゃん」』集英社新書ヴィジュアル版2007）。その本の帯には、ご時世だからでしょうか、「漱石先生、「漢字検定」不合格ぞなもし！」とあります。漱石が原稿に書いた漢字は、間違いだらけだという意味です。先に挙げた漢字などから、こういう刺激的な帯の文句にしたのでしょう。もちろん、現在の漢字テストならばということですが、漱石先生としては、聞き捨てならない謳い文句でしょう。

　文豪夏目漱石、漢文にも造詣の深い明治最高の知識人である漱石が、誤字ばかり書いていた？　そんなバカなことはないはずです。しかし、現在の採点基準ならば、先の試験は0点です。

漱石の時代には満点だったものが、わずか100年で全問不正解になったということなら、それはまたそれで信じがたいことですが、ここは、漢字正誤の基準・とらえ方が変わったと考えるしかありません。100年で、漢字の正誤の基準が変わってしまったとはいったいどういうことなのでしょうか。

漢字の正誤とは

　まず、改めて、漢字の正誤とは何か確認しておきましょう。

　先に挙げた書き取り問題10問の答案のうち、問⑦は、「専門」と書くべきところを「専問」と答えていますから、ふさわしくない別字を書いてしまった誤答だと言えます。こういう誤答は、漢字の用い方を誤ったととらえて「誤用字」と呼びましょう。一方、問⑥は、正しくは「達」なのに、横棒が一本足らず、「幸」にシンニョウになってしまっていますから「ウソ字」です。このように漢字のかたちを間違えたものは、「誤用字」に対して「誤形字」と言うことができるでしょう。専門用語では「譌字(かじ)」と言います。誤字は、誤用字と誤形字とからなるということになります。

　しかし、自分で言っておいてすぐに否定するのもおかしいのですが、誤形字かそうでないかの区別は、実はやっかいです。

　「混乱」を「困乱」と書いたなら、誤形とは言えません。字のかたちがまったく異なります。同音で意味の通りそうな別字を書いてしまった誤用です。しかし、部分的に重なりのある漢字の取り違えはどうでしょう。「休日」を「体日」と書いてしまったのは、別字になっていますが、点を打ってしまった誤形でしょう。そうすると結果として別字になっていても、意味が無関係なら誤形でいいようです。ただ、そもそも、「体」の字を

身につけているから、思わず点を打ってしまったのなら、やはり誤用ではないか……判定は難しい。

「専問」も再検討してみましょう。「門」の字を書いて、そこまででいいのに勢いで「口」まで書いてしまったなら、「休」を「体」と誤ったのと同類になります。誤形字ととらえる可能性もあるということです。「専門家」には、いろいろ「専門」のことについてたずねたいことがある。問いに答えてくれるのが「専門家」だという意識から、同音である「問」の方が正しいと思って書いたなら、誤用字ということになるでしょう。

漢字の正誤のよりどころ

さて、誤字にタイプがあることは以上のとおりですが、最も重大なのは、当然、何をもって正しいとするかの基準です。私たちは何を基準に正誤の線引きをしているのでしょう。100点満点の書き取り試験で、30点をつけられて、がっかりしつつも、納得せざるを得ないのはなぜでしょう。

間違いか正しいか、私たちは、国語教科書、漢字字典（漢和辞典）、国語辞典などで確認します。教科書や辞書に間違いはないはずですから。では、教科書や辞書は、何に基づいているのでしょう。現代においては、「常用漢字表」というものがあり、それがよりどころだとされます。教科書はもちろん、新聞などもおおよそ「常用漢字表」に準拠しています。ちなみに、この「常用漢字表」というのは、(2010年に改訂されましたが)1981年にできたものであり、その基となった「当用漢字」も、戦後公布されたものですから、漱石の時代には存在していません。

話が回りくどくなってしまいましたが、皆さんも御存じのとおり、あるいは年配の方なら、ご自身がそうであったように、

戦前は、今とは漢字の正しいかたちが異なっていました（すべてではありませんが）。戦後、「旧字体」と呼ぶようになったものこそ、戦前、正しいとされた字体でした。それは、「康熙字典体」と呼ばれる字体とほぼ重なります。康熙字典体とは、中国の清の康熙帝の勅撰によって編纂された『康熙字典』(1716年完成)の漢字字体です。

つまり、漱石の時代の正しい漢字のかたちは、私たちにとっての旧字体であったわけです。ならば、先の漱石の0点答案の漢字は、すべて旧字体で書いたものなのでしょうか。問⑦の「専問」は、「問」→「門」であるはずがないので、これは別に扱うとして、他の漢字が旧字体かどうか確認してみましょう。

参考のために、『明朝体活字字形一覧』(文化庁1999)所載の『康熙字典』道光版の字を右に挙げておきます。

②③⑨⑩は現在と同じです。木ヘンの「損」やヘンが「段」と同形の「段」は『康熙字典』には存在しません。

⑤「類」の左下は［大］でなく［犬］ですが、［女］ではありません。⑥「達」も、2点シンニョウですが、［幸］ではありません。

問題になるのは①④⑧です。⑧「祝」は示ヘンに［兄］で、［兑］は「ゼイ」という別字です。①「嗽」も「漱」とは別字ですが、「嗽」を「漱」と同じ意

① 嗽　漱
② 損
③ 段
④ 穴　冗
⑤ 類
⑥ 達
⑧ 祝　祝
⑨ 仰
⑩ 卵

⑩ 漱石は誤字ばかり書いたのか

味で用いることがあるので、「嗽石」もまったくの間違いとは言えません。④「冗」は、［冗］とウ冠に［儿］の字があり、字源的にはウ冠の方なのですが、『康熙字典』ではワ冠の方が正式という位置づけです。

以上のように、先掲の答案は、明治の基準でも、ほどんど○にはならないようです。末尾の原稿の字から活字を組んだ『ホトトギス』の本文でも、①は［漱］、④は［冗］、⑧⑦はもちろん［祝］［門］、他も「正しい」字体になっています。ウソ字の場合は、活字がありませんから、そのかたちが『ホトトギス』にないのは当然ですが、文選工（活版印刷で活字を選ぶ作業員）は、漱石の書いた原稿の漢字のかたちをそのまま再現しようとはしていないということです。原稿の字のかたちから、それがどの字であるかを判断し、活字を選んでいるのです。

「坊っちやん」の原稿の字は、あくまで原稿用紙に書いた字なんだから目くじらを立てるのはおかしい、というご意見もあろうかと思います。書き損じ・誤字は、「正しい」活字で組まれるのだから問題はない―これは、有力な解釈だと思います。しかし、そうだとすれば、漱石は、正しくない漢字を書く人だったと認めることになります。手書きと活字とでは、「正しい」字体が違っていたと考えれば、何とかなりますが、漱石の字は、手書きの正しい字体だったのでしょうか。

何度書いても「ウソ字」？

次に、先の10字が、「うっかりミス」かどうかを確認するために、「坊っちやん」の原稿の他の箇所でどう書かれているか見てみます。

②「損」は10例。旁の上部はすべて「ム」。木ヘンは1例だけ

で、あとは手ヘンとしていいのですが、［オ］に見えるものもあります。木ヘンのかたちは［オ］に1点加わったものと言えます。④「冗」の字は5例。うち、ウ冠が4例、ワ冠は1例です。はっきりウ冠に［儿］で「穴」そっくりのものもあり、その他は「儿」か「几」か微妙です。この2字は、同一資料の中で、字体が揺れています。1例のみの方は、「うっかり」かもしれません。すると、「冗」の字はワ冠の方が「うっかり」になります。

　①「嗽」がここの1例。「漱」の例はありません。この資料だけでは決定できません。

　一方、⑤「類」4例、⑥「達」27例、⑧「祝」8例、⑨「仰」10例、⑩「卵」4例、これらは複数回書かれていますが、どれも答案と同じ字体に基づいた実現形だと思われます（ただし崩して書いたものもあります。→第11章）。ということは、「うっかり」とはとても言えません。原稿だから、いい加減に書いたと言えなくもありませんが、原稿のときに限って、正しくない字をわざわざ何度も書くとは考えられません。漱石はこれらの字を普段からそのように書いていたから、原稿にも書いたと考えるのが自然です。

　では、これらはすべて、漱石の覚え間違いなのでしょうか。

標準的な字体とは

　古代中国から近世日本、漢字圏の周辺国まで、標準的な漢字字体の実態と変遷を明らかにしようとする試みが、北海道大学名誉教授石塚晴通先生を中心としたグループによって着々と進められています。そして、その成果はweb上で公開されています。この数十万というデータに基づく漢字字体の具体例（字形）データベース＝HNG（以下、本書では「石塚データベース」）を参考

に、ここで挙げた漢字を見てみましょう。

「達」は、康熙字典体の［達（シンニョウは2点）］よりも、シンニョウに「幸」の方が資料数としては多いことがわかります。唐代末の字体では「幸」より1本多い［達］ですが、それ以前は中国においても、日本では古代から近世にかけて、シンニョウに「幸」は、しっかりした資料の中で用いられてきたことがわかります。

『康熙字典』の成立は1716年ですから、日本において康熙字典体が権威を持ったのはそれ以降になります。そう古いことではないのです。石塚説などを参考に、わかりやすく、単純化してまとめるなら、古く中国から入ってきた漢字を、日本で用いる中で、日本における「標準的な字体」が形成されたが、それは近世後期以降権威を持つようになる康熙字典体とは必ずしも一致していなかった、ということです。今となっては、ウソ字としか見えないシンニョウに［幸］の「達」も、古くから通用していた字体だったのです。そうした、康熙字典体より前からの字体が、明治にはまだまだ残っていたのです。むしろ手書きの世界ではそちらが優勢だったと言うべきでしょう。

「損」は、石塚データベースに木ヘンは見えませんが、「口」はなく、中国、日本ともに時代を通してすべて「ム」。康熙字典体の方が篆書から作った字体なのでしょう。

「段」については、「霞」の雨冠をどけたような字体の実現形と思われるものが、石塚データベースにあります。江戸時代の『小野篁歌字尽』という漢字を学習する書物には、「霞」は雨冠に「段」とあります（→第11章）。

「仰」も、石塚データベースに1点加わったものがあります。

「卵」は、石塚データベースには、左の点しかない「卵」はあ

りませんが、点が右だけの「卵」ならあります。『江戸版本解読大字典』を見ると、点が左だけの「卵」があります。

「米」の下が「女」の「類」は、石塚データベースにはありませんが、『五體字類』には挙がっています。漱石とほぼ同年齢の作家・山田美妙は「数」を「女」でなく「大」で書いています（山田俊治他『山田美妙『竪琴草紙』の本文の研究』笠間書院2000）。こうしたことは、漱石や美妙だけではないと思われます。

誤形字にもいろいろあるけれど

漱石の書いた誤形字は、三つに分類できると思われます。一つは、古くからしっかりした文献に書かれた字体であり、康熙字典体とは異なるものの、日本において標準的な字体だったと言えるもの。二つめは、標準的とは言えないものの、過去の文献資料に存在し、漱石のみならずかなりの人々が書いていたと思われるもの（俗字体と呼べる）。そして最後に、文献資料に例が見つけられないため、どのくらいの人が書いたのか不明のもの（これはウソ字と呼ばざるを得ない）。いずれにしても、漱石オリジナルの誤字などというものがそういくつも存在していたとは考えにくいのです。

さらに言うなら、私は、これらを三分類すればそれで一件落着とは考えません。楷書より前の隷書、さらにさかのぼっての篆書を考えた場合、出自や流れからして最も正しい字体というものはやはりあるだろうと思います。と同時に、およそどの漢字にも、複数の字体（異体字）が存在しています。正か俗か、標準か通用か、こうしたことは、漢字に起きるべくして起きる現象として、了解しておくべきではないでしょうか。

たとえば「達」ですが、隷書、篆書まで溯るなら、「大」の下

に「羊」、これにシンニョウですから、「幸」にシンニョウは、字の来歴からすれば誤りです。これがなぜ、「幸」にシンニョウと書かれるようになったのか。「大」が「土」のように書かれるようになった段階、すなわち「土」の下に「羊」となれば、それは「幸」にぐっと近づきます。横棒が2本か3本かの違いです。ここに、変化の第一歩があったと私は考えます。「土＋羊」と「幸」とが混同するということです。石塚データベースによれば、逆に、横棒の1本多い「幸」の字が書かれた資料があったことがわかります。まさに混同です。混同とは、別の部品だったはずの二部品の区別がなくなることであり、場合によっては一つの部品に収斂・統合されていくということです。

　漢字の部品混同によって生じたウソ字が、社会的に認知されるようになる場合は数多くあります。個人的なものならウソ字であっても、多くの人が混同するなら、もはやウソ字と切り捨てて済ますわけにはいきません。すでに述べたように、本来の字体よりもむしろこうして生じた字体の方をよく用いるということもあり得ます。実際にそれで通用していたり、ある時代には、それで「正しい」と思われたりしたものは、誤字とはとても呼べません。せめて「通用字」と言うべきでしょう。石塚データベースの状況から、横棒の1本少ない「達」は、ある時点、あるグループにおいては、標準的な字体だったのです。

異体字の生まれ方

　部品の混同（そして収斂・統合へ）と言いましたが、そのプロセスをもう少し詳しく見るならば、そこには二つの要素があると考えます。もちろん、類似しているから混同するのですが、混同を引き起こす要因、統合させようとそそのかす力に二つある

と考えます。

　一つは、手書きで書いた場合に、やや崩して書くことで二つの部品の差異がさらに小さくなり、そこで混同する。それを改めてきちんと書いた場合（楷書にした場合）、元のかたちではなく、混同したもう一つの方のかたちにしてしまう。木ヘンと手ヘン、草冠と竹冠などにこういうことが起きています。今回の「損」もそれに当たります。「坊っちゃん」の原稿では「筆」「節」はすべて草冠ですが、これらは、江戸時代以前は標準的な字体であり、それが明治にもそのままつながっていたのです。別字、別の部品が、崩すと（草書では）同じかたちになるというのは、よく知られていることです。ただし、木ヘン→手ヘン、竹冠→草冠が多く、木ヘンの「損」は、他では未見です。

　いつ、どこで生じたかはいったん措いて、一般論として、ある字が崩して書かれるというプロセスを経て、改めて崩さないかたちに戻そうとする際に、複数の字体を持つ（元の字体と異なる字体となる）ことがあるということです。異体字の生成です。現代においては、異体字と言えば、今正しいとされる字体に対する旧字体がまず浮かびますが、それ以外にも異体字は存在します。どの漢字にも異体字はあって当たり前であり、崩されることで生まれた俗字も立派な異体字です。

　もう一つは、漢字の字体を形作る部品のうち、あまり用いられない部品（使い勝手のよくない部品）が、よりありふれた部品・より使い勝手のよい部品に統合されるという流れです。もちろん、こちらも手書きされる中で生じるので、結局は先に述べたことと重なることが多いのですが、こちらなら、必ずしも崩れたかたちを想定する必要がありません。

　たとえば、「廷」の「壬」の部分は、もともとは「ノ」の字の

下に「土」のテイの字でした。「望」「呈」の「王」ももとはテイの字でした。この部品テイは、「壬」か「王」かにとって代わられたわけです。現代の日本においては、部品テイは、よく似た部品に吸収され、消滅したかたちになっています。「歩」は、「止」の下は「少」ではなく右の点は存在しませんでした。この部品が「少」に統合されました。こうした部品の統合によって、本来の「正しい」字体ではない字体（異体字）が生まれます。

このようにして生まれた異体字のうちのいくつかは、繰り返しますが、俗字にとどまらず普通に通用し、正式のはずの字体よりもよく用いられ、とうとう「正字体」に位置づけられることがあるのです。戦後の新字体（「当用漢字」の字体）のうちのいくつかは、まさにそうであり、「歩」はその一つです。

書かれるべくして書かれた

③「段」、⑤「類」、⑥「達」、⑧「祝」、⑨「仰」、⑩「卵」、これらの字を漱石が書いたかたちは、いずれも前述の二つの要素で説明できます。「段」の左半分は、めったに使われない部品です。「類」の俗字も、「数」の左と統合したと言えます。「達」については先に述べたとおりです。「兄」の「口」は崩すと「ソ」のように書かれます。そこから「兑」と近づき、両者を混同することになったのでしょう。「坊っちゃん」には、「説」「脱」「悦」「税」がありますが、旁は、「祝」を含めて皆同じように書かれています。

同様に「坊っちゃん」の「仰」「迎」「抑」の「印」は1画多く書かれています。「印」と「卯」との統合です。厳密に言うと、部品「印」と「卯」とを取り換えると「昻」と「昴」のように別字となるペアがありますからまずいのですが、人ベン、シン

ニョウでは問題は生じません。「抑」は「柳」に近づいてしまいやや問題です。右は「抑」の例です（左は43枚め20行め、右は137枚め4行め）。

「卯」はさらに左右に分けられます。右の部分は「即」や「叩」にも用いられる部品です。そうすると「卯」の右半分も、同じ部品でいいではないか。左半分に点があれば、「卯」と

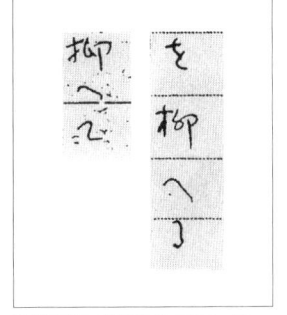

『夏目漱石自筆全原稿 坊っちゃん』（番町書房1970）

「卵」との区別は可能だから。というようなところから、左にしか点のない「卯」が生じたと考えられます。一方、崩して書く場合（草書）、「卯」の点は右のみで済ますこともあったようです。点が右だけの「卯」と左だけの「卯」。点は二つ打たなくても、「卵」との区別は可能だということがよくわかります。

漱石の書いた字から今が見えてくる

　漱石が原稿に書いた漢字には、当時の正式の字体≒康熙字典体と異なる俗字が数多く見られます。しかし、その多くは、漱石のオリジナルではありません。もし、オリジナルなものがあったとしても、それを非難するだけでは、意味がないように思われます。どの時代にも、誰にも、こうした字体の変化（より使い勝手をよくする）は、起こり得るからです。そこで生まれた字体には、一時的ですぐ消えたものから、正字体に登りつめたものまであるのです。

　では、最初の問題に戻ることにしましょう。

　漱石は、確かに正式ではない字体の漢字を書いています。しかし、それは、通用しがたいウソ字を書いているのではありま

せん。漱石が書き取り試験を受けたら0点だというのは、現代では、俗字・異体字が認められなくなっていることを示しているのです。わかりやすく言うなら、現代は採点が厳しいのです。

　すでに述べたように、戦後、当用漢字とその字体表が出され、漢字のかたちの基準が示されました。それは常用漢字表にも引き継がれています。字体表には、デザインの違いは字体の違いではないということが説明されていますが、それぞれにどんな異体字があるのかについては示してありません。明治には、いわゆる康熙字典体が正しいとされて、他の伝統的な字体は俗字・通用字と位置づけられるようになり、戦後の当用漢字表、常用漢字表によって、「一つの漢字には一つの字体」が浸透したと言えます。その証拠に、人名漢字でいくつかの旧字体が使用できるようになり、それが常用漢字の改訂にも影響していますが、「〇〇字□□字体」という示し方はされていないので、一般にも、字体の数を漢字の数のようにカウントしています。

　『康熙字典』が入ってきて以降、康熙字典体と合わない伝統的字体の地位は急激に下落したことは明らかでしょう。しかし、それでも戦前は、いわゆる康熙字典体を正式の字体としつつ、それ以外の字体の字も、確かに通用していました。つまり、「一つの漢字には複数の字体」が常識だったのです。戦後は、通用する字＝正字体ととらえられるようになり、かつての通用字の概念は失われたと言えます。非正字体＝俗字＝誤字の時代になったのです。学校の書き取り試験では、旧字体（戦前の正字体）を答えても×にされる時代です。たいへん厳しい時代になったものです。そして、現在「正しい」とされる字体を知ってさえいれば「国語力」、「漢字力」があると判定されます。本当の「言語力」、「漢字力」とは、「一つの漢字にもいくつかの異体字が

存在し得る。なぜならば……」と説明ができることではないでしょうか。

　もっと言うならば、漢字の文字としての特徴の一つに、「一字に複数の字体が存在し得ること」が挙げられると私は考えていますから、漢字の漢字らしさを、この200年で失っていったと言いたいくらいです。

　「坊っちやん」100年を記念して、松山の道後温泉には、「坊っちゃん」自筆原稿の冒頭の部分を御影石に彫った坊っちゃんの碑が建てられました。わずか冒頭の6行ほどですが、そこには現代人にとっての誤字がいくつも並んでいます。修学旅行で訪れた子どもたちがそれを見て、「何だ漱石って、漢字だめじゃん」と笑ってしまうことを、私は恐れます。可能なら、ずっと石碑の横に立って、冒頭部分の漢字についての説明をし続けたいものです。そして、誤字に見えるがそうではないことを伝えるとともに、君たちは漢字字体に厳しい時代に生まれたんだよ、とつぶやいてもいいかなと思ったりします。

よく見ると

　次ページに「坊っちやん」原稿の書き取りの10字を挙げます。原稿冒頭の作者名「漱石」が今回取り上げた口ヘンの「嗽石」です。しかし、よく見ると、この2字だけ、筆記用具が他と違い、毛筆で書かれています。字の感じも違っています。この2字は、漱石本人ではなく、『ホトトギス』の方で書き入れたもののようです。同年に書かれた「野分」の原稿の筆者名も同じ手で「嗽石」とあります。別人が書いたのなら、誤って口ヘンの字を書いたと言えますが、漱石自身も、「嗽石」を用いたことがあります。また、『ホトトギス』では、漱石の俳句を「嗽

『夏目漱石自筆全原稿 坊っちゃん』(番町書房1970)(○枚め−○行め)

① 「漱石」
　(1-1)

② 「損」
　(1-2)

③ 「別段」
　(1-5)

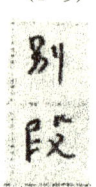

④ 「冗談」
　(1-6)

⑤ 「親類」
　(1-12)

⑥ 「友達」
　(1-13)

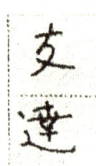

⑦ 「専門」
　(51-3)

⑧ 「祝勝会」
　(118-17)

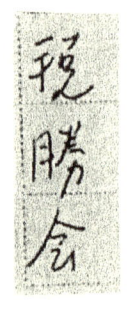

⑨ 「仰」
　(35-20)

⑩ 「卵」
　(146-15)

石」で載せたりしています。こうした状況から、両者は、別字という意識はなく、異体字として扱われていたのではないかと思われます。

　ちなみに、漱石は、「漱」の字の右を「欠」でなく「夂」で書くこともありました。これも、現代なら誤形字ですが、当時なら通用字でしょう。自分の名（号）は間違えません。

11 くずし字にも字体はあるのか

　漢字の字体を考える場合、それは、無意識のうちに楷書（それに基づく教科書体）、あるいは印刷書体の明朝体を思い浮かべています。これは、当然のことです。

　しかし、第8章で、単体と部品とのかたちの違いを考える際、どうしても楷書以前の篆書に遡らざるを得なくなった場合がありました。また、草書が現在のかたちに影響しているケースもあると述べました。

　漢字の書体というのは、現在の印刷のための文字のデザインとは、どうもレベルが違っているようです。つまり、現在のさまざまなデザインは、原則として楷書のかたちを基としたバリエーションですが、これまで何度か触れたように、篆書や草書は、楷書のバリエーションではないのです。

　おおよそ、篆書（小篆）から隷書が生まれ、隷書から、草書・楷書・行書が生まれたと言われていますが、篆書と隷書とのかたちの違いがかなり大きいこと（隷変）、草書の中には隷書と結びつきにくいもの（篆書など隷書以前の書体とつながると思われるもの）があることの2点に留意する必要があります。現代では、

篆書、隷書、草書はあまり用いなくなっています。正確には、あっても読む対象ではなく、個人で手書きすることはない、と言うべきでしょうか。篆書を見るのは実印くらいで、まるで楷書とは別もので読めません。草書も、あまりに崩れていてわからない。隷書は、お墓などで目にし、読むこともできますが、何とか楷書とつなげられることで、楷書の変形の一つに位置づけ把握している向きもあります。行書は、もともとは楷書から生まれたものではないのですが、これも楷書とつなぐことが可能なため、楷書を少し崩したもの（滑らかに書いたもの）という把握です。草書は、行書をさらに崩したものととらえられることがあるので、以下、楷書、行書、草書について、考えてみたいと思います。

楷、行、草の関係

楷書を少し崩したものを行書ととらえること、これはどうなのでしょう。私は、現代においては、問題ないと考えます。つまり、行書の字体（かたちのよりどころ、基）を、楷書と同じだと設定することが可能だからです。

草書はどうでしょう。もはや草書など現代で用いることはないのですから、草書のことなどわざわざ考える必要はないとしてそれでいいのですが、たとえば、江戸時代には、楷書より草書が庶民の書体であったと言われると、草書のことが知りたくなります。江戸時代には、漢字の書体を「真草」二体で示すことがありますが、「真」は真書すなわち楷書だとすると、「草」は草書ということになります。この「草」には行書も含まれるのか、行書は楷書に近いのか草書に近いのか。

草書には、行書とつなげられるものもありますが、行書とは

異なる「崩し方・崩れ方」のものも多くあります。いったい、江戸の庶民は、どうやって「草」を身につけていたのでしょうか。「草」すなわち、くずし字の字体とは、どういうものを想定できるのでしょうか。使っていたのですから、江戸の庶民はそれを身につけていたはずです。

　行書と草書とで、かたちが大きく異なるものとして「成」が挙げられます。『模範書体字典』（東陽出版1993）の「成」は次のようになっています。

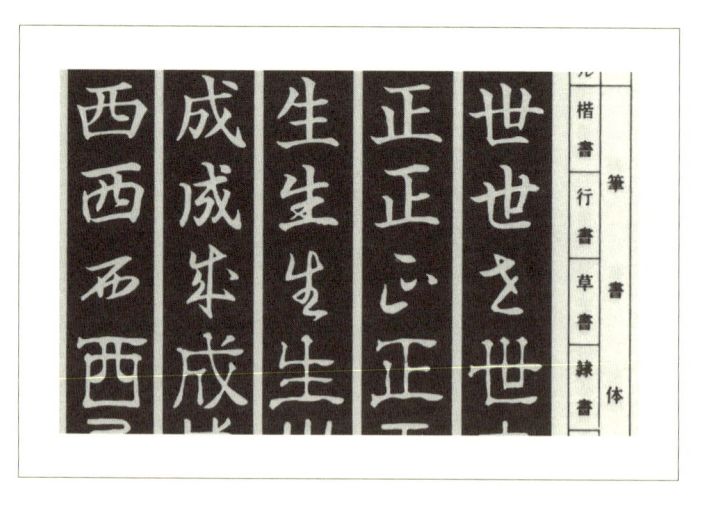

　多くの草書は、行書をさらに「崩した」＝省略したものと位置づけることが可能ですが（上なら「西」「生」など）、「成」と「成」を部品とする「城」・「盛」などの草書は、楷書・行書からは導けません。楷書より前の隷書でもダメで、さらに遡らないと説明しづらいと言われています。右のように、「天」の草書にも、一見、行書をさらに崩したように見

『五體字類』

128　漢字のかたち

えて篆書から生じたと言われているものがあります。

『模範書体字典』の各書体を見ると、篆書以外は、楷書を基としてそれらしくデザインしたもののようで、隷書の時代には存在していないはずの新字体の隷書が掲げられていたりします。つまり隷書ではなく隷書風のデザインなのです。

こうした処理というか各書体の位置づけは、現代ならばよく理解できます。しかし、上記のように、草書の一部は、行書とは似ても似つかないものであり、楷書を篆書風にすることも無理です。

以上から、次のことが言えます。

私たちが、漢字の字体と言ったとき、頭に思い描くのは、タテ、ヨコ、点、ハライといった基本点画に基づくものですが、これらは、楷書の字体（の実現形）の基本点画であって、その適応範囲は、楷書・行書はＯＫですが、頑張っても隷書までで、草書は難しく、篆書は枠外と言うしかありません。つまり、篆書には篆書の字体があるということです。本書では、篆書の字体を扱いませんが、草書をどうするかについて考えてみたいのです。

現代において、主に使用されている書体は、印刷書体では、教科書体、明朝体、ゴシック体、手書きでは、楷書と行書でしょう。これらは、手書きと印刷書体とでは同じ漢字でも字体が異なるケースがあると言われていますが、少なくとも、同じ土俵に上げることは可能です。一つの字体のしくみを設定可能だから、同字体だ異字体だと比較できるのです。篆書は、それができません。草書はどうか。

草書の使用は現代ではわずかですが、先に述べたように、江戸の庶民は、草書の方が身近な書体だったと言われています。

楷書を十分に知らない江戸の庶民が、草書を書いていたとするなら、そのかたちのよりどころ＝字体はいかなるものだったのか。私たちの字体とは別のものを設定しないわけにはいかないのでは、という問題意識です。

　実は、この解答の半分は、本書ですでに述べてきたとも言えます。それは、ひらがなの字体のしくみに近いものではないか、ということです。ひらがなのかたちが、つい100年前まで、漢字の草書と連続していたということを話しましたが、まさに、それを草書の側から見るなら、楷書とは異なる草書の字体があり、ひらがなと草書とは、字体の要素を共有していた＝両者は連続していた。そのように考えるなら、ひらがなの字体として設定した基本要素・基本点画を、草書の字体の基本要素・基本点画とできるのではないか。以下、そのような仮説のもとに、草書の字体を考えていきたいと思います。

草の字体を求めて

　前章でお話しした異体字発生のプロセスをもう一度思い出してください。

　「柳」と「抑」の2字が、手書きされると同じ実現形になってしまうことがある。手ヘンと木ヘンとが、「卯」と「印」との区別がなくなってしまうことがあると述べました。こうした部品の混同が異体字を生み出します。

　これは、本来「柳」と「抑」とは、字体が異なるのに、実現形を共有してしまうということですが、この実現形こそが、「真草」の「草」に当たるものと言えます。つまり、これを楷書（真）の実現形の一つとするのでなく、草の実現形の一つだとすれば、上記のことは、以下のようにとらえられます。

	真の字体		草の字体
「柳」	／木ヘン＋卯／	→	／X／
「抑」	／手ヘン＋卬／	→	／X／

　「真草」という場合の草には、いわゆる行書レベルのものも含めざるを得ないので、「柳」と「抑」の草の字体がすべて重なるとは言えないのですが、一部においては一致します。それを今仮に／X／としてみたわけです。

　／X／は、タテやヨコのほか、いくつもの曲線からなると考えられますが、現時点では、うまく説明できません。しかし、楷書とかなり大きく離れているものは、楷書の字体を想定せずに把握され、書かれているのですから、草の字体は存在しているはずです。

　たとえば、「學」を例にとると、「學」の上部を崩して「ツ」のように書いている段階では、「學」を念頭においての「ツ」のはずです。しかし、「學」を知らなくても「ツ」は書けるので、草の「學」の上部の字体は、「ツ」のようなもの＝／横に3点／あるいは／ツの字／となっていると言えます。そのような草の字体から、俗字・略字として楷書の「学」が生まれたのでしょう。

　近世には「金」の草の実現形に「人」に「主」を書いたようなタイプがあります。『江戸版本解読大字典』（柏書房2000）から「金持」の例を右に挙げます。『軽口夜明烏』（1783年刊『噺本大系』12巻）という本に次のような一節があります。

⓫くずし字にも字体はあるのか

> かねといふ字はどふかくといへば、ハテ、しれたこと
> じや。人の主とかくといふ。それは知てゐる。しんで
> はどふかくととへば、イヤ、しんではいらぬ

　ここは、「真（楷書）では」と「死んでは」の洒落になっている笑い話ですが、「真では」ない、草の字体が「人の主」だったことを示している証拠だと言えないでしょうか。
　『千里の翅』（1773年刊『噺本大系』9巻）には、「音」の字について、

> そうでかく時は、七百、しんでかけば六百とかきます

とあります。「音」を崩して書くと「七百」になるというのはよく知られたことのようです（『浮世床』初編中（1813年刊）にもあります）が、「七百」に似たかたちになるのではなく、まさに「七百」が「音」の草の字体だったとは言えないでしょうか。
　「金」「音」の草の字体（の一つ）を、「人の主」（／人＋下に＋主／）、「七百」（／七＋下に＋百／）としたとき、その／人／、／主／、／七／、／百／がすでに、草の字体の部品であり、それを構成する基本点画は、曲線からなるはずです。しかし、それらは「人」「主」「七」「百」という漢字でもありますから、楷書で実現することも可能であり、そこに異体字が生まれるとする仮説です。
　このように考えると、前章でちょっと触れた『小野篁歌字尽』に見られるコメント（短歌形式）は、草の字体（把握）そのものであると言えます。

『小野篁歌字尽』の字体把握
　『小野篁歌字尽』はどんな書物かと言うと、内容は主に、共通する部品を有する漢字をおおよそ五つずつまとめ、違ってい

る部品をコメントして、それぞれの漢字を説明しています。そのような漢字の把握を提示することで、漢字の習得を促そうというものです。例を挙げると、人ベンの「休」「伏」「伸」「任」「件」を並べ、説明を五七五七七で、

　「きはやすむ　いぬはふす也　さるのぶる　みづのへまかす
　　うしはくだんよ」（1692年刊『異体字資料集成』一期九巻より）
とあります。こういう調子です。

　これは、「休」＝／人ベン＋木の字／、「伏」＝／人ベン＋犬の字／……と示しているように私には読めます。

　こうした中で注目したいのが、私たちが別の部品だと思うものを同じグループにまとめている例です。たとえば、「鯣」「錫」「揚」「楊」「湯」の五つを一つのグループにして、「うをするめ　かねはすゞなり　手はあぐる　きをばやなぎに　水はゆとしれ」と説明しています。しかし、前の2字の旁は「昜」、後の3字は「昜」であるはずです。

　真（楷書）を中心に考えるなら、「昜」と「昜」とが混同し、「昜」を「昜」、あるいは「昜」を「昜」とする異体字が通用していた、となるでしょう。しかし、これを草の側に立って読めば、すんなり、「昜」と「昜」とは、草では同字体だったとなります。草での「昜」「昜」の字体を／Ｘ／とするなら、次のようになります。

	真の字体	草の字体
「鯣」	／魚ヘン＋昜／	／魚ヘン＋Ｘ／
「錫」	／金ヘン＋昜／	／金ヘン＋Ｘ／
「揚」	／手ヘン＋昜／	／手ヘン＋Ｘ／
「楊」	／木ヘン＋昜／	／木ヘン＋Ｘ／
「湯」	／サンズイ＋昜／	／サンズイ＋Ｘ／

もちろん、真（楷書）においても「易」と「易」との混同はあり、前章で述べたように、「統合」と言える場合もあったでしょう。しかし、それはこうした草の状況から生じたケースもあり、『小野篁歌字尽』は、草の字体の説明として読むことが可能だと私は考えているのです。草においては、「霞」の字体は／雨冠＋段の字／でよかった、そして真においてもそう書いてしまう人がいた。

草の字体は誤り？

　ところが、こうしたことを「誤り」として、『小野篁歌字尽』そのものが修正しようとします。1836年刊の『小野篁歌字尽』（東京学芸大学望月文庫）は、それ以前の『小野篁歌字尽』の誤謬（ごびゅう）を正していることを売りにしています。

　しかし、これらは誤りではなく、真の字体と草の字体との齟齬（そご）であると私はとらえます。真と草のうち、後者をもっぱら用いる庶民にとって、修正される前の『小野篁歌字尽』の記述は、まさにその通りであり、そのように人々は漢字字体を身につけていた。しかし、真＝楷書を知る知識人にとっては、そのうちのいくつかが間違いであった。さらに、伝統的に用いられてきた字体とは異なる字体を含む、いわゆる康熙字典体が「正しい字体」の位置に就くと、その差異はさらに大きくなった。そのようにとらえられるのではないかと考えます。

　『小野篁歌字尽』でのまとめ方・説明と、『江戸版本解読大字典』に掲げられた実例との間には、矛盾はないからです。

　つまり、『小野篁歌字尽』の誤謬修正本は、『小野篁歌字尽』の進化ではなく、正字体の基準の変化であり、草を真（楷書）に包括しようとする動きだったととらえられるのです。

草の字体の基本点画は

　しかし、具体的に草の字体のシステムは明らかにできるのでしょうか。どんな基本点画からなり、どんな部品を準備したシステムなのでしょうか。ひらがなについては、基本点画として、／タテ／、／ヨコ／、／点／のほか、何種類かの／マゲ／、そして／ムスビ／が必要です。草の字体に必要な基本点画を考えると、微妙な差異を有するかなりの種類の／マゲ／を準備しないといけないでしょう。

　その一つのヒントとして、『草書大字典』（講談社1968）の起筆部を分類した「類・群・部」、『古文書字叢』（柏書房1990）の「くずし部首」などが挙げられます。こうした草らしい点画を組み合わせた草としての部品があり、それを組み合わせたものとして草の字体が存在していたのではないか。「これだ」と提示できませんが、そんな風に考えています。

もう一言

　正岡子規が『墨汁一滴』の中で、明治の人たちの書く漢字のかたちに間違いが多いことを指摘しています。そこでやり玉に挙がった「正しくない」字体を、子規が亡くなって4年後、畏友漱石が「坊っちやん」の原稿で書いています。子規の憤慨は、いわば誤謬修正本『小野篁歌字尽』と類似しています。中村不折から、いわゆる康熙字典体を文字の歴史の中で相対化するような助言があったようで、子規はすぐ誤字批判を取り下げていますが、「手書きの世界では、異体字を崩して書いた」のか、「手書きの世界には、草の字体があった（からそこから異体字が生まれた）」のか、さらに考えていきたいと思います。

12 「子ブタの貯金箱」の説明書を書いたのは誰だ

次に挙げるのは、子ブタの形をした貯金箱の使い方の説明書です。読んでみるとどうもおかしなことが書いてあります。どうしたのでしょうか。

これは『VOW2 現代下世話大全』(月刊宝島編集部編 1989)という一世を風靡(ふうび)した面白本で見つけました。「誤植」ネタとして投稿されたものです。他人の仕事の不備を笑いのネタにするのは不謹慎極まりないのですが、この「子ブ

> ### 小錢の音樂貯金箱
>
> す樂しみのフツトボール小豚型貯金箱歌を歌クこ聞かせ，小錢を貯め込みます。
>
> 　　　　ず知らせ
> 1. この音樂小錢貯金箱は硬貨を入んる毎口美しいメロデイーを奏なごます。
> 2. 仕切リから二本の小牧じをなずし，仕切クを動かすと小錢を取ソ出すことが出來ます。
> 3. 若しバツテソーの電気が切水たら，ステイツカーを移し，バツテリーを取り換えて下さい。
> 4. 二個のＡＧ３バツテー付き。

136　まとめにかえて

タ型音楽貯金箱」の説明書は、わかっていても噴き出してしまいます。ともかく、読んでみましょう。

まずタイトル「**小錢の音樂貯金箱**」、「錢」「樂」が旧字体になっています。古いからでしょうか？　それとも製造されたのが台湾・香港（？）だからでしょうか。

「**す樂しみ**」から解読開始

冒頭、いきなり「**す樂しみ**」。これは、「お楽しみ」でしょう。同様に、4行めの「**ず知らせ**」、これもどう考えても「お知らせ」です。なぜ、こんな間違いをしてしまったのでしょうか。

本書をここまでお読みくださった人なら、お気づきのことと思います。第4、5章で見てきたように、「す」と「お」とはかたちが似ているのです。ポップ体で説明してみましょう。

［**す**］の字体＝／ヨコ＋交差して＋タテ＋続けて＋ムスビ／とできますから、これは、点のない「お」（［**お**］）です。明朝体［す］、［お］や、教科書体［す］、［お］では、両者の字形は大きく異なっていますが、潜在的には、点の有無で両者は区別可能です。すなわち、点のないのが「す」で、点1個が「お」、点2個なら「ず」です。

もし、活字を組む際に渡された原稿の「お楽しみ」「お知らせ」の「お」が丸文字っぽかったなら、活字を探すとき、「お」をよく似た「す」「ず」に間違ってしまったということが起きるかもしれません。「お」と「す」の潜在的な字体の近さが、証明されたような気がして愉快です。

しかし、実際にはそんなことはまずあり得ません。「す楽しみ」「ず知らせ」なんて語は存在しないのですから。「お」だか「す」だか見分けがつかないような字が書いてあっても、「お楽

しみ」「お知らせ」とするのが当たり前です。こういうミスはまずありません。

　では、なぜ、そのあり得ないことが起きているのか。それは、もうお気づきの通り、この作業をしている人が、日本語が読めない人だからでしょう。日本語がわからないから、日本語の文字を知らないから、渡された原稿にある字にかたちの近い字を探して、活字に組んだのです。

「歌クこ」は「歌って」

　解読を進めていきましょう。日本語がわからない作業員が相手だとわかった上で。2行め、**「歌クこ聞かせ」**はどうでしょう。前後から、「歌って聞かせ」とあってほしいところです。

　ひらがなはどれも一筆書きでも書ける文字ですから、第1画と第2画とがワタリでつながった「こ」は、極めて「て」に近くなります。しかし、「こ」→**て**でなく、「て」→**こ**であるのが、ちょっとひっかかります。

　その前の「っ」を**ク**というのはちょっと予想を超えた誤植だと感じます。かたちの違いもありますが、ひらがなの入るべきところに、突如カタカナが登場している違和感が大きいと思います。選択肢の「ア」とか、音階の「ソ」とかなら、カタカナが一字、漢字・ひらがなに混じって出てくるかもしれませんが、「歌クこ」はあり得ません。つまり、この作業員は、ひらがなとカタカナとが別の文字のグループであり、役割が異なることを知らないということです。日本語がわからないことがここでも確認できました。

　ただし、明治なら「歌ッて」なんていう書き方もありましたから、ここの誤植が**「歌ツこ」**だと、私の反応も違ったかもしれ

ません。しかし、作業員に渡された原稿が「歌ッて」だった可能性は低いと思います。原稿は「歌って」でしょう。「歌って」だと、「っ」ですから、一番やりそうなミスは「**歌クこ**」ではなく「**歌フこ**」です。「**歌クこ**」になっているのは、「歌」の字の右に「っ」がくっついていたために、「欠」の2画めのハライの部分と合わせて「ク」のように見えたのかもしれません。（右図参照）

　さらに続けましょう。

「毎口」の正体

　「**ず知らせ**」の1の説明の文章は、なかなか手強いです。「**硬貨を入んる毎口美しいメロデイーを奏なごます。**」

　「**奏なごます**」は「奏なでます」。これは、先ほどと同じ「て」→「こ」のミス。この原稿を書いた人は、「て」をよほど「こ」に近いかたちで書いたのでしょうか。

　「**入んる**」は、「入れる」でしょう。「れ」の第2画の始まりの折れ曲がりをいい加減に書くと、「ん」に似たものになります。すでに第4章で触れたように、「れ」「わ」「ね」の第2画の折れ曲がりは、他の字との区別に働いていません。それを点のように書くなど、いい加減に書く例はいくらでも見出せます。私は、まったく書かない例も見たことがあります。そうなると「れ」と「ん」との違いは、縦棒と曲がった棒との関係、続いていれば「ん」、切れていて交差していれば「れ」ということになります。そんな究極の「れ」が書かれていたとは思いませんが、「れ」と「ん」とは、私たちが考える以上に近いかたちをしています。

　最大の難問は、「**毎口**」です。皆さんはこれをどう読みます

か、何の誤りだと想像しますか。

　学生にトライしてもらうと、「毎日」という答えが多く返ってきます。なるほど、「日」の中の横画が短かったか、薄かったかすれば、「日」を「ロ」と間違うことがあるでしょう。しかし、「入れる毎日」では、意味が通じません。「入れる。毎日美しい……」とし、句点が落ちたとしてもまだ不自然です。

　第0章で挙げたさまざまな書体で実現した「ロ」を思い出してください。字体／四角形／に基づいて、曲線的な実現形もありました。『かな・デザイン大字典』でもう一度見てみましょう。

　下の段の左から5番めの「ロ」は、字体は／四角／のはずなのに、角が外れたり、丸くなったり、全体に曲線で実現しています。漢字で言えば、草書のような実現形です。作業員がよりどころとした原稿に、この崩した「ロ」のようなかたちの字が書かれていたらどうなるでしょう。

　結論を言いますと、「硬貨を入れる毎に」とあったのを、「**硬貨を入んる毎ロ**」と組んでしまったのが、事の真実だと思われます。ひらがなの「に」[に]を、漢字「ロ」の実現形だと受け取ってしまったのです。

　　硬貨を入れる毎に
　　硬貨を入んる毎ロ
ひらがな「に」が漢字の「ロ」の実現形に見えた、これは、

日本語も仮名も知らないが、漢字はわかる（自ら使用している）人間にのみ起こり得ることです。すなわち、日本人以外の漢字使用者、タイトルの旧字体と合わせると、作業員は繁体字を用いる中国系の人で間違いないでしょう。

正体がわかれば

　すると、さっき気になった「て」「で」→「こ」「ご」という謎も解けます。原稿の「て」「で」を見た作業員は、それを「こ」「ご」の1、2画をつなげて書いたものだと思い込んでしまったのでしょう。これも、「二」を崩して一筆で書くことのある漢字使用者ならではの思い込みでしょう。崩しを元に戻したつもりなのです。

　　　「に」→「口」
　　　「て」→「こ」

　ここまでわかれば、後はもう大丈夫です。2の「**二本の小收じ**」の「收」も先の「口」とまったく同じ誤り。「小ねじ」の「ね」を、自分が普段書いている「收」（崩したかたち）だと読み、その活字を組んだのです。3の「**電気が切水たら**」も同様。ひらがなの「れ」を、自分が使う漢字の「水」だと思ってしまった。「收」「水」を手書きした実現形（字形）が、ひらがなの「ね」「れ」に似ていることは、筆で字を書いたことのある者なら十分に理解できるのではないでしょうか。

　それ以外はどうでしょう。カタカナの促音の「ッ」が、普通の大きさの「ツ」になっています。「**メロデイー**」「**ステイツカー**」の「ィ」も小書きのはずです。大きさの大小で働きが異なる（別の音（音韻）を表す）など、思いもよらなかったのでしょう。普段、私たちは当たり前のように使い分けていますが、大

きさの違う同じ字で、別の音（音韻）を表すというのは、考えてみれば、かなり際どいことをやっているとわかります。ここでの誤りは、そのことに気づかせてくれます。

次に「仕切り」が二回出てきますが、「**仕切リ**」と「**仕切ク**」になっています。原稿のひらがなの「り」を見て、カタカナの「リ」と「ク」を選んでしまったようです。ひらがなの「り」の1画めと2画めは、離れても続いてもかまわないのに、作業員は律儀に（?）、離れた方は「リ」、つながった方は「ク」にしたのかもしれません。

さらに「**バツテソー**」。今度はカタカナの「リ」と「ソ」の近さを教えてくれます。ちょっとした角度の違いとも言えます。「リ」については、第2章、第6章でも触れました。「リ」は、「利」の右側（「リットウ」）でしたから、古くは長短の縦二本のように書かれていたはずですが、カタカナの字体整備によって、2画めは／ノ／に近づき、それによって、「リ」と「ソ」との主たる差異は、1画めが／タテ／か／点／かになりました。微妙な違いだと言えるでしょう。短いタテ・ヨコと点とが、区別に十分に働いていないことは、「ウ」「ネ」の第1画から理解できます。短い／タテ／でも／点／でも許容されています（漢字字体でも同様）。私などは、「ソ」は逆三角形▽、「リ」は縦長い四角形に近いイメージがあります（第2画を、／ノの字／でなく、／タテ＋ノの字／ととらえているのでしょう）が、「リ」の実現形が細めの▽になる人もいるでしょう。そうなれば、「ソ」との区別は極めて困難となります。

誤植が踏み絵

さて、誤植ですが、日本人の誤植にもスゴイのはあります。

活字を組んでいた時代には、まったく意味の異なる隣の字を組んでしまうこともありました。これこそ誤植の中の誤植（活字の植え間違い）です。コンピューターを用いるようになってから、間違いの主流は「変換ミス」となりました。それでとんでもない間違いが減ったかというとそうでもありません。日本語には同音語・同入力語がたいへん多く、しかも、漢字のかたちも意味も違っていますから、間違えるとたいへんです（「講師」→「孔子」・「子牛」）。

しかし、日本人のうっかりミス・見落としと、日本語を知らない人が活字を組み間違えたものとでは、間違いの質が違っています。書かれている内容がわかっていないし、日本語の文字を知らないからです。この「子ブタ型音楽貯金箱」の誤植のお蔭で、日本語の誤植を踏み絵にすると、世界の人間が3種類に分けられることがわかりました。まず、日本語のわかる人、次に日本語も漢字もわからない人、そして、日本語はわからないが漢字ならわかる人です。監視・点検が厳しくなると、こうした誤植は減ってしまうでしょう。かえって、ちょっとさびしい気がします。

「子ブタの貯金箱」の説明書を書いたのは誰？

さて、この章のタイトルにある「子ブタの貯金箱」の説明書を書いたのは誰だったのでしょう。

説明書の原稿を書いたのは日本人（日本語使用者）でしょう。そして、それをもとに活字を組んだのは、漢字を普段使っている外国人（非日本語使用者）だとわかりました。印刷された説明書から、原稿の様子と日本語の文字のかたちのしくみが浮かび上がってきたように思います。

13 「打ち言葉」時代の字体
動的な文字から静的な文字へ

　20世紀後半から21世紀は、日本語の文字にとって、大きな節目になる時代だと私は考えています。それは、文字が、手で書くものから、打つもの、選ぶだけのものになってきているからです（→第5章）。言語コミュニケーションがＰＣ、ケータイ中心に行われる「打ち言葉」の時代を迎え、文字はどうなっていくのか。私は「動的な文字から静的な文字へ」の変化ととらえています。

　中国で生まれた漢字の歴史を振り返ると、漢字を個人で使えるものにする歴史であったとまとめることができるのではないかと思います。

　占いのための亀やケモノの骨のヒビ割れを真似て生まれたと言われる漢字の祖先＝甲骨文字は、たやすく書けるものではなかったはずです。それは、用途・役割という意味でも、骨に刻むという作業の点でも。為政者の権威に直結した神聖な記号から出発した漢字は、国を統治する実務のためのものになっていくにしたがって、多くの役人が、個人的にも使用できるものになっていくことを求められました。

動的な文字の誕生

　私は、隷書の誕生が一つの大きなポイントだと考えています。木や竹の札（簡）に、墨と筆で、すばやく書くことができるようになった漢字。隷書の成立によって、漢字は動的な文字となりました。しかし、そのための代償も小さくなかったのではないかと想像します。字源を十分に伝え残すことより、実際に書くことの手間を省くことの方に重点が置かれたと言うと言い過ぎでしょうか。いくつかのかたちが統合され、書くための動き―現れるものとしては一つ一つの字の筆画―は、上から下へ、左から右へ、が原則となり、筆画を実現する順番（筆順）もほぼ一通りに決まってきたと考えます。

　そのような性質を持った隷書は、上級でない役人でも書くことのできる文字でした。そこから、あらためて、公のための隷書とさらにくだけた草書が生まれていきますが、後の正式の書体である楷書（真書）もまた、隷書から生まれた書体の一つです。一筆書き的な草書に対して、楷書はその端正な姿から、一見、静的な書体に見えますが、楷書も、隷書を親とし、草書や行書と兄弟の動的な書体なのです。

　それゆえ、楷書にとっても、筆画の方向性はもちろん、筆画間の実現順＝筆順は大切なのです。

　たとえば「十」という楷書の漢字がある。これだけを眺めると動的であるように見えません。しかし、私たち漢字を知る者の多くは、これを見て／ヨコ＋交差して＋タテ／と把握しています。しかも、その／ヨコ／は、「左から右」であり、／タテ／は「上から下」です。こうした把握は、何でもないことのように思えますが、「十」を出来上がった図形として見るなら、確かに線分の交差したものですが、線分に方向性や順序はありま

せん。また、「十」は、中心の一点から四方へ伸びた線分ととらえることも可能です。図形としては、そのようにも把握できる「十」を、それらではなく（それらを否定して）、／ヨコ（左から右）＋交差して＋タテ（上から下）／ととらえているのは、楷書もまた、動的な書体である証拠です。この動的把握があるからこそ、ヨコの右端からタテの始まりへつなごうとする一筆書き的な動きの表れとしてのハネがあっても、難なく許容できるのです。楷書が習得されれば、おのずと行書は理解・許容できるのです。

　動的な文字とは、出来上がりの一致だけではなく、プロセスを大切にするということです。

　手で書くという行為で文字を実現していく限り、漢字のみならず、どの文字であっても、このこと＝動的であるということは、共通していると考えます。

手書きから印刷へ

　しかし、お察しの通り、印刷によって文字を実現することがなされるようになると、文字には、手で書くこと以外の実現法ができたことになります。印刷には、整版によるものと活字を組むものとがあります。整版というのは、手で書いた文字の列と同じようなものを彫って、いわば版画を作るような方法です。このやり方は、文字と文字とのつながり（連綿）も表せますから、動きを残していると言えますが、近代以降はすたれました。また、動きがあるといっても印刷ですから、刷れば一瞬にして出来上がりの姿が現れます。活字の場合は、文字一字一字の最終形をあらかじめ準備していますから、選ぶだけです。ハネやハライに動きが見えますが、基本的には、筆画の方向性、

筆順は捨象されています。印刷技術の発明とその一般化は、文字にとって大きな節目だったと考えられます。

しかし、印刷が発達・普及しても、誰もが自由に印刷によって漢字を扱えるようになったわけではありませんから、漢字の動的な性質を変えるほどの変化ではありませんでした。漢字の印刷は、手で書いたようなかたちの漢字を出現させるという姿勢をなくしていないと思います。

動から静へ

ところが、この百年ほどの間に、すでに指摘しましたが、漢字（とそこから生まれた仮名）を揺さぶるような出来事がいくつも起こりました。

まず、筆から、ペン・鉛筆・ボールペン・シャープペンへの筆記用具の変化。

次に、縦書きから横書き主流へ、文字列の方向の変化。

そして、仮名漢字変換の発明による、ワープロの誕生、その後のＰＣ、ケータイにおける書かない文字（選ぶだけの文字）の普及・パーソナル化。

ワープロの誕生は、印刷のパーソナル化をもたらしたという点でも、重大だと思います。

これらの出来事は、一言で言うと、隷書が成立した前提を白紙にしてしまいました。筆に墨を含ませ、縦に文字を書いていくという行為の中で、それに最もふさわしいかたちの特徴として、隷書が生まれ、それを基盤に楷書が成立したのですから、現在、実現形の手本とし、まるでそれが字体（漢字の骨組み）そのものと思い込んでいる楷書・教科書体のかたちは、その前提が崩れれば、基盤・根拠を失うことになります。

先に触れたように、シャープペンやボールペンで教科書体を書こうとすると、点を短い線にせざるを得ず、ハネやハライも筆のようにはいきません。ひらがな、カタカナは、縦書きしやすいようにかたちを整備してきましたから、横書きになると手書きする際の手の動きに無駄が多く生じます。字の最後を左下に払ってから、次の字は右の上から書き始めるというように。左下へ向かって払うより、中途で止める方が横書きしやすいのは明らかです。丸文字は、横書き対応の文字でもありました。

　21世紀初頭の現在は、小学校で（家庭ではその前から）、手で字を書くことを繰り返し行い、漢字や仮名の習得を行っています。しかし、もしもそれが、字の確認のための訓練にとどまり、日本人の子どもの成長のかなり早い時点から、ＰＣやケータイに搭載されている電子文字を選ぶだけになってしまうと、文字を身体的に十分に覚え込ませる前に、手で書く行為が途絶えてしまいます。そのような近未来がリアリティーを持ち始めているように感じます。

漢字が書けなくなる?!

　繰り返しますが、動的に文字を把握できていれば、行書にも対応できるはずです。ひらがなを、一筆書きで書いても書かなくても、本質的な違いではないと理解できます。しかし、手書きする機会が減少していくと、印刷物の明朝体の漢字から動きを読み取ることは極めて困難でしょう。そして、プロセスを軽視し、出来上がりさえ同じになればよいという文字観が強まるなら、先に挙げたように、「十」は、単なる十字の図形になり、あるいは1点から四方へ伸びた線分ともとらえられることになります。そのような把握は、もはや字体把握ではなく、図形把

握でしかありません。それでは、漢字はまさに複雑な模様にしか見えないでしょう。私たちが、アラビア文字やタイ文字などを見て、それがなんだかわからない模様のようにしか見えないのは、それらの文字のしくみを知らないからです。どういう点画や基本形があって、それがどのように組み合わさっているのか、それを実現順とともに知っていれば、どう書かれた文字なのかが「見える」そして「再現できる」。漢字の図形としての複雑さは、アラビア文字やタイ文字の比ではありません。漢字を知らない人に、たとえば私の名前の「藤」の字を見せて、これを書いてみてくださいと言っても正確に書けるわけがありません。線と線との隙間の空白を、四角や三角で囲うようにして並べるかもしれません。手で書いて、身体で習得しているから、「藤」が、いくつかの部品の組み合わせからなり、その部品はさらに小さな部品からなり、それはいくつかの基本点画からなり、それは「上から下へ」「左から右へ」書かれることがわかっている。だから書けるのです。

　横書きの一般化と筆記用具の変化だけなら、楷書（教科書体）に代わる、新環境にふさわしい書体を作ればそれでよかったはずでした。その一つが丸文字であると私は思っています。しかし、文字が動的なものから、静的なものに変わってしまうと、書体の修正では済みません。漢字は、本当に危機的だと思います。

　高速道路の表示板や、車のナンバープレートに書かれた漢字が、点画を省略したウソ字であることが話題になったことがありました。特に「愛媛」ナンバープレートの「愛」はまったくおかしいと指摘されました。これらは、隷書→楷書の立場からすれば、認めがたい事象ですが、すばやく認知するとか、他の字との区別ができればいい、といった立場からすれば、大した問

題ではなかった、あるいはそれなりに意味のあるかたちであったと言えるのかもしれません。

　私は、ある講義で毎年、難しい漢字を含んだ文章を読み上げ、ケータイを使ってもいいから、漢字仮名交じり文にしなさい、という調査をしていますが、数年前の調査で、ケータイを見て書いたある学生の「鶯」は、右に掲げるように、「火」二つに「ワ」、その下は「鳥」ではなく「烏」でもありませんでした。最近のケータイやスマートフォンは、解像度が高くなっているので「鶯」でも「鷹」でも、正確に表示されるかもしれませんが、この学生のは粗かったのです。実は、この原稿を書いている私のＰＣの画面は粗いので、10.5ポイントで表示している「鶯」は、この学生が書いた「鶯」にそっくりです。しかし、解像度が上がればすべて解消する問題ではないように思います。たとえば、ある学生は、ケータイを見て、「膵臓」の「膵」を「月」に「華」と書きました。字体を自分の身体に記憶させていないと、こう見えてしまうのでしょう（この学生は、誤った字体を覚えていたのではありません）。

字体の未来

　「鶯」という漢字が選べても、「鶯」という漢字の字体は知らない。「すいぞう」と打って変換して出てきたから「膵臓」で間違いないが、「膵」という字の字体は知らない。「ぼんやりした字体」の登場です。解像度が低いために、実際に「ぼんやりした字形」が表示され、それらを見ながら漢字を使用すると、「ぼんやりした字体」になっていく、これは当然のことです。しかし、解像度が上がっても、字のかたちは機械の方で準備してく

れているのだから…という心構えになってしまえば、「鮮明な字形」を見ていても、「ぼんやりした字体」は生まれていくのではないでしょうか。手で書いて覚えないことを考慮し、目で見ただけでもはっきりと区別のつくような、まったく新しい字体を登場させるのか、字は選べればいい、字体とはぼんやりでいいという立場をとるのか、それとも、従来通りの字体を、ぼんやりにならないように体に記憶させるのか。これは、小学校で文字を手書きする時間をどのくらい確保できるのかにかかってきます。タブレットＰＣが子ども一人一台になって、小学校にも入ってくることは確実でしょうから、「漢字はぼんやり」の時代はもうそこまで来ていると言っていいと思います。

　腹をくくらなければならないのかもしれません。過去の文化遺産、知の集積を保存し、常にそれに分け入っていくための漢字字体と、漢字を手書きしない時代にも漢字を残していくための漢字字体とを、区別し、その上でつなげるようなシステムの構築が必要なのかもしれません。日本で生まれた「新字体」、中国で生まれた「簡体字」は、そうした時代の到来のための準備・試行だったのかもしれません。日本語における漢字と、中国語における漢字とでは、位置づけがまったく異なりますが、漢字を揺るがす時代の到来は、両言語にほぼ等しく訪れようとしていますから、迎え撃つために知恵を出し合うことは意味のあることだと考えます。

あとがき

　本書執筆のきっかけはいろいろありますが、一つは、2010年12月の早稲田大学での『早稲田日本語研究』創刊20周年記念シンポジウムです。私は、光栄なことにパネリスト3人のうちの一人として声をかけていただきました。日本語研究の面白さを、「正しい」日本語と現実の日本語というテーマで少し話してほしいといわれ、これまで大学で講義してきたことなどをかき集め、「聞こえない音、見えない文字、気づかないことばのきまり」と題してお話ししました。ところが、この機会に話しておきたいということがたくさんあり、恥ずかしいことに予定の時間を超過して、しかもまだ話が終わらなかったのです。そのシンポジウムの内容は、参考文献に挙げた『早稲田日本語研究』第20号をご覧いただければいいのですが、ともかく、話し足りなかったという思いが私の中に残ってしまいました。また、話せたことについても、もっと多くの人に聞いていただきたいという気持ちが湧いてきました。本書は、私が多くの人にお話ししたいことのうち、「見えない文字」に関わることについてまとめたものです。

　私の文字のかたちへの興味が決定的になったのは、神戸山手

女子短大に就職した年です。秋永一枝先生のご指導のもと声点の資料を見ていた私は、女子大学生たちの丸文字の洗礼を受け、「いけのくんへの手紙」に出会いました。平声点、丸文字、鏡文字の三つが、私を「見えない文字（実現している文字のよりどころ）」へと強く誘いました。

　秋永先生には、御礼とともにお詫びを申し上げねばなりません。大学入学以来ずっと先生にご指導いただいてきました。先生からご指導いただいたことの中心は、私が話したいことのもう一つ「聞こえない音」の方なのですが、そちらが後回しになってしまいました。申し訳ございません。本書の第6章では声点を取り上げましたが、かえって先生を心配させてしまうような内容です。出来の悪い教え子ですが、今後とも、ご指導のほどよろしくお願い申し上げます。

　山手短大の女子学生たちとの出会いも貴重でした。たいへん遅くなりましたが、お礼を言いたいと思います。山手短大、愛媛大学、甲南女子大学、神戸大学の学生の皆さん、おかしな調査に協力してくれてありがとう。

　「いけのくんへの手紙」は、入院している池野君へのクラスメートからの励ましの手紙の中の一通です。生まれてすぐ入院した娘と池野君が同室だったことで、出会うことができました。手紙を書いた池野君のクラスメート、池野君、出会わせてくれた娘（よくなってからは、ずっと元気です）に、感謝したいと思います。

　あらためまして、文字のかたちの話を多くの人に聞いてもらいたいという私の願いを聞き入れ、全面的に支持・支援してくださった三省堂飛鳥勝幸様に、心より御礼申し上げます。

2013年4月　佐藤栄作

参考文献

■文字・本文を引用させていただいた文献など

『かな・デザイン大字典』東陽出版 1993

『模範書体字典』東陽出版 1993

『国語学史資料集』武蔵野書院 1979

『書の宇宙　9　言葉と書の姿・草書』二玄社 1997

『月刊日本語』1989年9月号 アルク

『天理図書館善本叢書類聚名義抄観智院本』八木書店 1976

『図書寮本類聚名義抄本文影印・解説索引』勉誠社 1976

高田竹山編『五體字類』西東書房 1987（初版1916）

『夏目漱石自筆全原稿　坊っちゃん』番町書房 1970

『明朝体活字字形一覧』文化庁文化部国語課 1999

根岸茂夫監修『江戸版本解読大字典』柏書房 2000

武藤禎夫編『噺本大系』第9巻、第12巻 東京堂出版 1979

杉本つとむ編『異体字資料集成』一期九巻 雄山閣 1973

月刊宝島編集部編『VOW2現代下世話大全』1989

「常用漢字表」平成22年11月30日内閣告示

■書名等を挙げて言及した文献

沖森卓也他編『図解日本の文字』三省堂 2011

『現代作文講座6 文字と表記』明治書院 1977

山根一眞『変体少女文字の研究』講談社 1986

諸橋轍次著、鎌田正・米山寅太郎修訂『大漢和辞典』大修館書店 1986

張静賢・松岡榮志監訳『現代中国漢字学講義』三省堂 1997

犬飼　隆『文字・表記探究法』朝倉書店 2002

『直筆で読む「坊っちゃん」』集英社 2007

渡部温訂『標註訂正康熙字典』講談社 1977

山田俊治他編『山田美妙『竪琴草紙』本文の研究』笠間書院 2000

圓道祐之編『草書大字典』講談社 1968

林英夫監修『古文書字叢』柏書房 1990

正岡子規『墨汁一滴』岩波書店 1984（子規の執筆は1901年）

■その他の主な参考文献

石塚晴通編『漢字字體史研究』勉誠出版（漢は旧字体）2012

大熊　肇『文字の骨組み　字体/甲骨文から常用漢字まで』彩雲出版 2009

小池和夫『異体字の世界　旧字・俗字・略字の漢字百科』河出書房新社 2007

小林一仁『バツをつけない漢字指導』大修館書店 1996

笹原宏之『日本の漢字』岩波書店 2006

笹原宏之『漢字の現在リアルな文字生活と日本語』三省堂 2011

笹原宏之他『現代日本の異体字－漢字環境学序説』三省堂 2003

まんが塾太郎『マンガだけど本格派漢字のおぼえ方』太陽出版1997

秋永一枝他編『日本語アクセント史総合資料　索引篇』『同　研究篇』東京堂出版 1997、1998

■本書に関係する著者の主な論文等

「現代かなもじ小考－ひらがなの変形－」『山手国文論攷』8　1987

「カナ字形・字体についての基礎的研究1～3」『山手国文論攷』11, 14, 15　1990, 1993, 1994

「字形から字体へ－『観智院本類聚名義抄』の「ツ」とそれに付された平声点をてがかりに－」『日本語史の諸問題』明治書院 1992

「漢字字体の「内省報告」のために」『国語文字史の研究3』和泉書院1996

「誤形字」を考える―字体研究と文字教育をつなぐために―」『愛媛国文と教育』31　1998
「漢字字体とは何か」『日本語学』17-12　1998
「字形のゆれ・変化と字体のゆれ・変化の相互関係について―字体・字体単位体のはりあい・収斂に注目して―」『日本語の文字・表記―研究集会報告集』国立国語研究所 2002
「誤字を考える―漱石の書いた誤字？―」『山手国文論攷』28　2007
「ケータイを使って文を書くと」『愛媛国文と教育』40　2008
「草の字体へ」『論集Ⅵ』アクセント史資料研究会　2010
「聞こえない音、見えない文字、気づかないことばのきまり―教育における「正しい」日本語と教育で伝えたい日本語―」『早稲田日本語研究』20　2011

編集協力	用松美穂
装　丁	松田行正＋山田和寛
本文組版	株式会社 エディット

著者略歴

佐藤栄作 | さとうえいさく

1957年、香川県三豊郡（現三豊市）生まれ。
1985年、早稲田大学大学院文学研究科博士後期課程中退。神戸山手女子短期大学講師、助教授を経て、1996年、愛媛大学教育学部助教授。2001年より同教授。2008年から4年間、附属中学校長を兼任。著書（共著）に『日本語アクセント史総合資料索引篇』（東京堂出版1997）、『同研究篇』（同1998）など。

見えない文字と見える文字
文字のかたちを考える
2013年　5月30日第1刷発行
2017年10月30日第2刷発行

著　者：佐藤栄作
発行者：株式会社 三省堂　代表者　北口克彦
印刷者：三省堂印刷株式会社
発行所：株式会社 三省堂
〒101-8371
東京都千代田区三崎町二丁目22番14号
電話　編集　(03)3230-9411　営業　(03)3230-9412
http://www.sanseido.co.jp/

落丁本・乱丁本はお取り替えいたします。
©Eisaku SATO 2013
Printed in Japan
ISBN978-4-385-36605-0
〈見えない文字・160pp.〉

本書を無断で複写複製することは、著作権法上の例外を除き、禁じられています。また、本書を請負業者等の第三者に依頼してスキャン等によってデジタル化することは、たとえ個人や家庭内の利用であっても一切認められておりません。